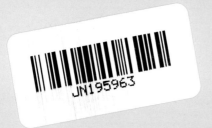

サクッとわかる

心理学

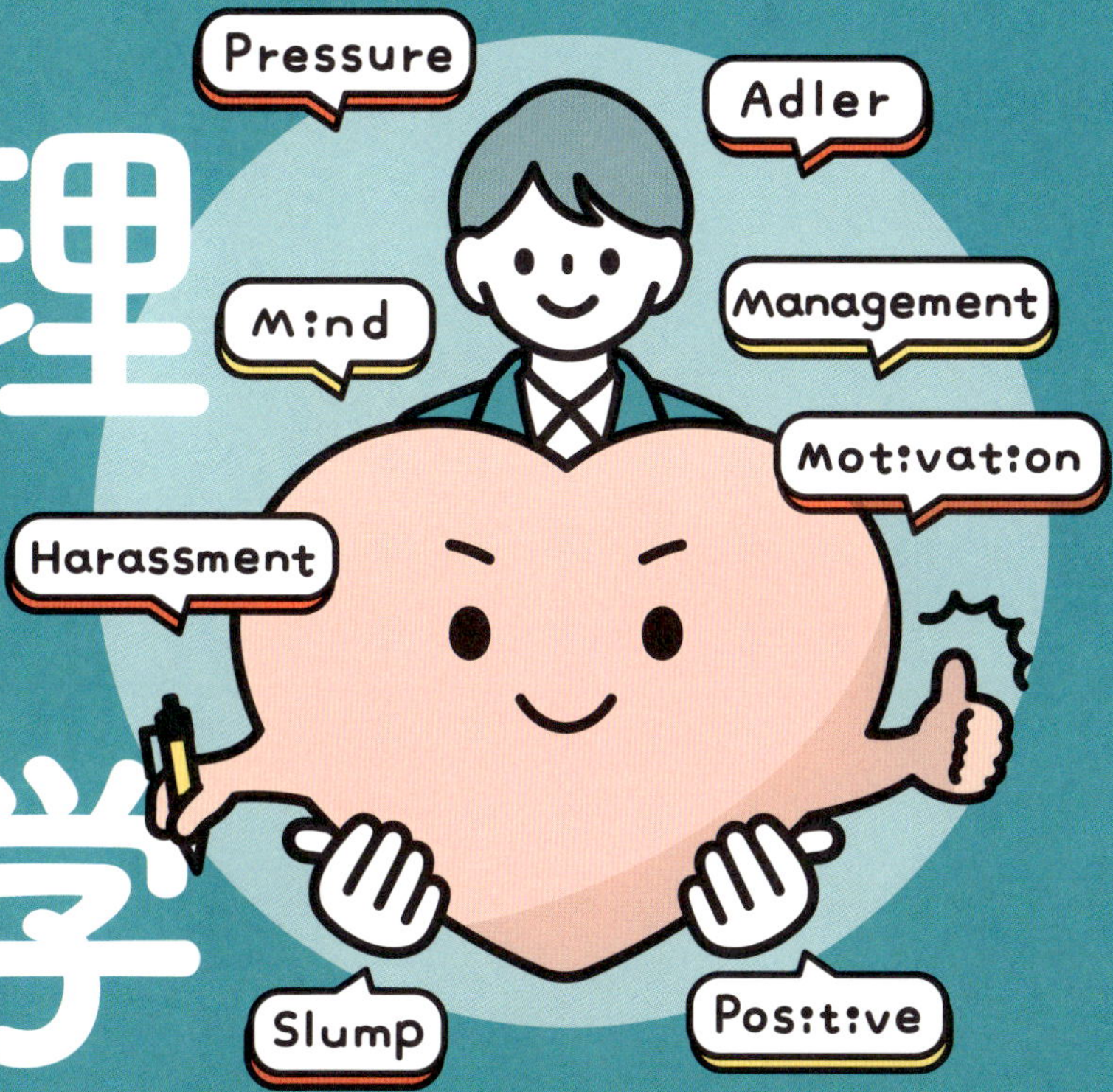

ビジネス教養

匠英一 監修
日本ビジネス心理学会副会長

新星出版社

はじめに

Introduction

心が個人の頭の中にあるという固定観念から抜け出て、〝生態〟と〝文化〟に注目しよう！

心理学に関心を持つ人は確実に増えています。20年前に比べて、心理系の本は2倍ほどになっています。それだけ今の社会では高い能力が求められ、人々の心の悩みも増えてきているからでしょう。

一方では脳科学や認知科学によって、脳のニューロン（神経細胞）の働きで「無意識」を説明する本も増えています。心理学より脳科学というわけです。

しかし、近年の心理学はそれを否定しています。心を脳や〝個人〟の中にある何かではなく、脳と身体を含む個と外の生態との相互作用による〝創作〟と考えるためです。

事例をあげましょう。約10年前、「ナカイの窓」というTV番組の企画に協力しました。その内容は毎回ゲストとMCが対談をし、その場面を観察する心理専門家がゲストの〝隠れた心理〟を分析するというものでした。このとき私はスタジオにある机や椅子を全部ガラス製にするよう提案しました。それにより隠れた身体の動きや〝しぐさ〟を分析できるからでした。

これはねらいどおり成功しましたが、もっと別の効果もあることに後から気づきました。それはスタジオに入ったときに、ガラス自体が独特の〝場〟の雰囲気をつくりだしたことです。この〝場〟では心を見透かされる雰囲気があり、嘘はつけないという気持ちをゲスト達に与えたのです。

本書では人間の心理を、こうした周りの〝場〟や、生態的な環境を含む文化的な仕組み・道具、相互作用から分析します。

最近ブームとなっている行動経済学の〝ナッジ〟の考え方は、こうした生態的な心理学の流れを受けたものです。私が創設した「ビジネス心理検定」でも、２０２２年よりこの行動経済学を取り入れた資格検定（「行動デザイン心理」）をはじめています。

このような、人を含む文化と〝場〟の観点から心理学の入門書をコンパクトに解説したものは、これまでになかったものです。本書がビジネス心理学を学ぶきっかけとなれば幸いです。

匠　英一

ビジネスシーンの悩みごと、

解決の糸口《ヒント》は心理学にあり！

心理的安全性を高めて率直な意見交換を促す
P128-133
「発達の最近接領域」を新人教育に応用する
P142-145
スランプは次なる飛躍の足掛かり
P92-95
モチベーション
習得目標を持って仕事へのモチベーションを高める
P102-105

心理学が幸福感やビジネスへの認識に影響を与える

幸福度は年々下がる

幸福度は10代をピークに
徐々に落ち、40代で最低に。
50代からは徐々に
上向き傾向になるものの
10代ほどには
回復しません。

人生を充実させる幸福（ウェルビーイング）は、ポジティブ心理学の中心的なテーマです。幸福感が実証的に研究されるようになったのは西暦2000年ごろ。脳科学の発展やグローバル化の影響がありました。調査の中で経済的に豊かではない国でも高い幸福感が報告され、従来の「幸福＝経済成長」の考えは見直されました。

幸福＝経済成長ではない！
幸福度UP

ビジネスの目的は「自己実現」

幸福度はある一定の年収を超えると上昇しなくなるというデータがあります。経済的豊かさは幸福度と比例しないとなると、ビジネスの目的も「お金儲け」のままでは人生を充実させることは難しいでしょう。ウェルビーイングな人は、仕事がつらいものではなく、自己実現や仲間と協力し社会に影響を与えるものと捉えています。ウェルビーイングになるために、ビジネスの目的を捉え直してみてはどうでしょうか。

サクッとわかる ビジネス教養 心理学 目次

CHAPTER 1

これまでの心理学とこれからの心理学

CHAPTER 2

ストレス社会を乗り越える発達と幸福の心理学

CHAPTER 3

文化とコミュニケーションの心理学

CHAPTER 4

仕事で成果を上げるための心理学

CHAPTER 5 集団の力を強くする組織の心理学

STAFF
執筆協力……三坂 輝
イラスト……むらまつ しおり
デザイン……鈴木 大輔・仲條 世菜（ソウルデザイン）
DTP……高 八重子
編集協力……礒淵 悠（有限会社ヴュー企画）

CHAPTER

1

PSYCHOLOGY

これまでの心理学とこれからの心理学

心理学が学問として確立したのは19世紀末。
以来、多岐にわたる分野とテーマで発展してきました。
現代の心理学はどのような視点で
人々の心を研究しているのでしょうか。

WHAT IS PSYCHOLOGY?

心理学のはじまり

人の「心」を扱う心理学は時代の移り変わりに伴い
発展してきました。心理学の変遷を見ていきましょう。

心を哲学で解き明かす

「人間の心とは何か」という問いについて、ソクラテスやプラトンといった哲学者によって、哲学の領域で探求された。

哲学の時代

紀元前

1879年

1900年～

ヴィルヘルム・ヴント
(1832～1920)

実験心理学の父

自然科学の研究方法を取り入れる実験心理学を提唱。1879年に世界初の心理学実験室を設置し、心理学を学問として確立させた。

ジークムント・フロイト
(1856～1939)

著書『夢判断』が有名

人の心を分析し精神疾患を治療する精神分析学の創始者。潜在的な意識である「無意識」(P16参照)に着目した。1900年に『夢判断』を出版。

20世紀を代表する心理学者たち

レフ・ヴィゴツキー

「心理学のモーツァルト」と呼ばれる天才。「発達の最近接領域」を提唱。

アブラハム・マズロー

「マズローの欲求階層説」がとくに有名。経営や教育論にも影響を与えた。

ジャン・ピアジェ

「認知発達理論」を発表し、子どもの思考の発達を理論化した。

多様な学派が誕生

戦争や経済発展など社会の変化に合わせる中で、認知心理学、臨床心理学など多様な学派が生まれ、20世紀は心理学が花開いた時代になった。

ポジティブ心理学や進化心理学、行動経済学など、現在進行形で発展中！

2000年～

1950年～

カール・ユング
(1875～1961)

現代の心理療法に影響大

フロイトに学ぶが、後に批判。「集合的無意識」(P17参照)を提唱した。臨床心理士の資格制度を創設するなど心理療法界への功績が大きい。

アルフレッド・アドラー
(1870～1937)

アドラー心理学

フロイトの共同研究者だったが別の道を進み、個人心理学(アドラー心理学)を創始。「共同体感覚」や「目的志向」(P17参照)などを提唱。

PSYCHOLOGY

01

フロイト、アドラー、ユングが心理学に大きな影響を与えた

心理学の原点「無意識」

フロイトは意識と無意識の関係性を氷山にたとえて説明しました。

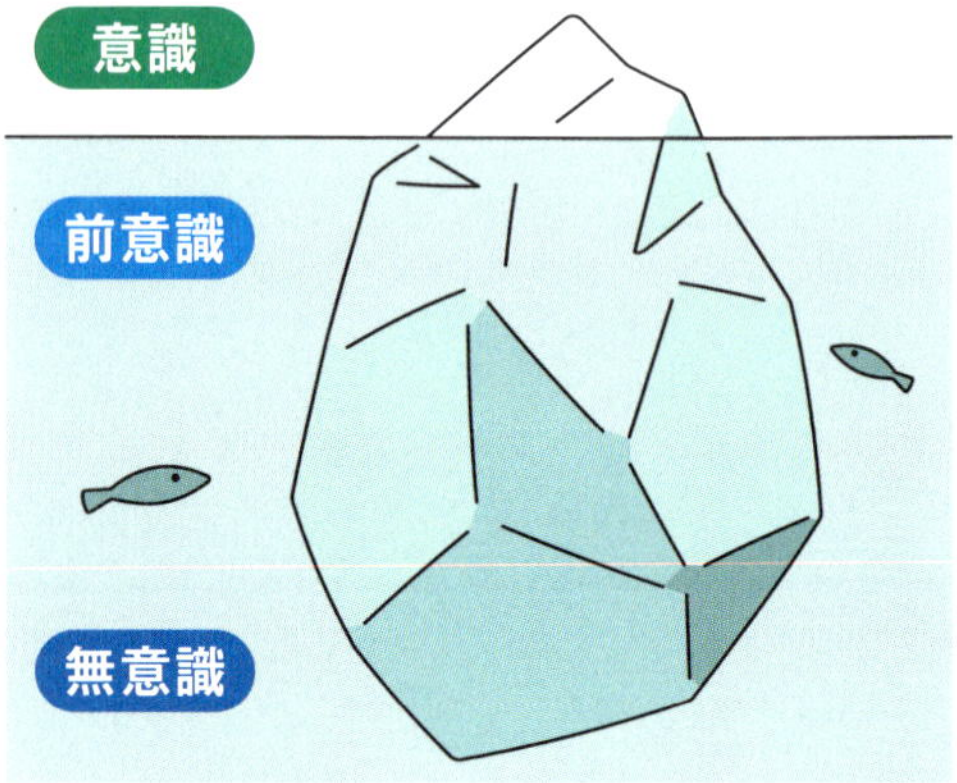

心は、自分で認識できる「意識」、注意することで思い出せる「前意識」、自分では認識できない「無意識」の３つの層に分かれ相互に影響し合っており、そのバランスが崩れることで精神疾患が生じるとフロイトは考えました。この考え方は局所論と呼ばれています。

今日の心理学における礎《いしずえ》を築き上げてきた3人

現代の心理学が扱う領域は医療からビジネスまで多岐にわたります。これは多くの先人たちの研究成果によるもの。中でもフロイト、アドラー、ユングの研究は大きな影響を与えました。

フロイトは人間の心の構造に着目し「無意識」の概念を提唱しました。

無意識の欲求は夢に現れると考え「夢

現代につながる理論に

ユング

すべての人間が根幹に持つ無意識を「集合的無意識」と呼び、神話や寓話に共通する心のパターンである「元型」を提唱。物語的に心を分析する手法は現代の「ナラティブ・セラピー」に通ずる。

▼

現代の心理療法の先端に

アドラー

ありたい形やなりたい姿という、目的に意識を向けて動くことで問題解決を目指す「目的志向」を提唱。これは問題とすることの原因を探って解消する「原因志向」とは対照的。

▼

コーチングの源流に

分析」を用い、精神疾患の治療に持ち込みました。また、人間の行動はすべて性的エネルギー（リビドー）に紐づけられると考えました。

　このリビドーの捉え方をユングは批判。無意識にはすべての人間に共通の「**集合的無意識**」もあると考えます。

　アドラーも独自の理論を展開します。アドラーは共同体の中の一人であるという感覚である「**共同体感覚**」を提唱。さらに、心の問題を解決するための方法に「原因志向」ではなく、自分がこれからどうありたいかを問う「**目的志向**」を説きました。

　フロイトやユングは心理療法で現在も重視されますが、実証性がない点などは批判対象でもあります。

WHAT IS PSYCHOLOGY?

現代の心理学の視点❶

生態心理学と行動経済学の視点

人間の心は環境と文化により構成されています。
これを利用した心理学の理論が社会や経済で用いられています。

「アフォーダンス」と「ナッジ」

人の行動は周囲の環境と文化により、お互いに影響し合いながらつくられ、習慣化します。たとえば信号機もこの一例。私たちは意識せず、青になったら進み、赤になれば止まっています。これは無意識が生んだ行動ではありません。環境や文化が私たちにこのような行動をするように促しているのです。また、私たちがそうした文化をつくり出してもいます。こうした相互関係性を表わす概念は「アフォーダンス」「ナッジ」と呼ばれています。

青は進め、
赤は止まれ
という指示を
意識せず
判断できる

第二次世界大戦後、人間は自分の行動を完全に自己決定できるかという「自由意思」の問題が議論されました。人類学者のレヴィ＝ストロースは未開人を研究し、どの部族も親族構造に関する共通ルールを持っていると気づきます。こうしたルールは無意識が生んだものではなく、環境と文化の影響を受け創造されたものです。このことから「自由意志」は文化と環境の制約を受けたものだと言えます。

こうした流れの中、70年代に、生物と環境との相互作用から行動を分析する**生態心理学**が誕生しました。この視点は経済学に組み込まれ、**行動経済学**につながります。

PSYCHOLOGY

01

人間の心理は周囲の環境から大きな影響を受けている

自然とやってしまう行動の背景には環境の影響も

人間の行動は必ずしもすべて自分の意思で決定しているわけではありません。習慣的な何気ない行動は直感で判断しているため、深く考えて行動を取捨選択することはほとんどありません。この直感的な行動に着目し、生態心理学で「**アフォーダンス**」の概念が提唱されました。

アフォーダンス

モノや環境が生物の行動を誘発する

カエルは頭上に
影ができたら
考える前に
跳び上がる

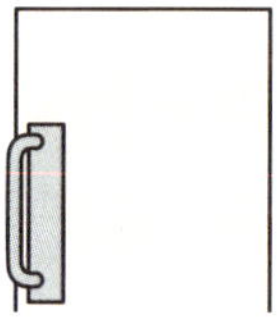
取っ手の形から
意識せずに
引いてしまう

↓

すべて考えて判断しなくても“わかる”

アフォーダンスとは、**物事に誘発されて生じるさまざまな行動**のこと。たとえば人間とドアには「押す」「引く」などのアフォーダンスがあります。ドアの取っ手の形を見て、人間は意識せずに「引く」という行動をとります。

「何となく」の行動ナッジ

望ましい行動をするように促すこと

足跡を描くことで
間隔を空けて
並ばせる

人に強制することなく、自然と最適な行動を促すことをナッジと言います。アフォーダンスを経済や社会活動に応用させたものと言ってもよいでしょう。

COLUMN

ダイエットにもナッジは使える

変えたい習慣があるときは考え方よりも、行動から変えるほうが効果的。「ダイエットのためにお菓子を食べてはいけない」と考えるよりも、お菓子を見えない場所に隠したほうが、お菓子を食べなくなります。こうした「仕組み化」がナッジです。

アフォーダンスは物事に誘発されるさまざまな行動です。たとえばカエルは、頭上が急に暗くなると跳ぶことがあります。これは「急な暗転」を鳥などの天敵が来た合図とみなし、逃げるために「跳ぶ」ことが誘発（アフォード）されたと考えられます。一方で、カエルは長年かけて「天敵が来たら跳んで逃げる」という行動ルールが生理的レベルで埋め込まれているとも言えるでしょう。この点で、単純に環境からの刺激で行動が決まるのでなく、**生物と環境との相互作用により行動が誘発される**というのがアフォーダンスの考え方の特徴です。さらに、これを損得の行動を促す仕組みに応用したものが「**ナッジ**」です。

WHAT IS PSYCHOLOGY?

現代の心理学の視点❷

「行為」と「活動」の視点

人と動物の行動の違いはその目的性にあります。
刺激と反応は「行為」、目的ある行動は「活動」と区別されます。

何かに迷うときには、背後に前向きな欲求（接近動機）と後ろ向きな欲求（回避動機）があります。この**接近動機と回避動機の差が人間の行動を決めます**。対立する2つの価値観が綱引きのように引っ張り合い、行動は決まるということです。

ですが人間の行動の動機は、対立する2つの価値観のみでしょうか。職場で自主勉強会が企画されるとして、仕事重視なら参加し、プライベート重視なら欠席するとも限りません。実際は夢や目標、また収入などの、さまざまな価値観が〝斜め〟からも力を加え、行為へと至ります。複数の価値観が複雑にせめぎ合っているのです。

PSYCHOLOGY

01 「活動」から捉えていく人間の心理

活動・行為・操作の違い

活動
Activity
スーパーマーケットへ
買い物に行く
行為
Action
自転車を
運転する
操作
Operation
ペダルを踏む
ハンドルを握る
…

人間の行動そのものは、意識せずともできる「操作」、複数の操作が合わさった「行為」、そして行為の目的が内包された「活動」の、３つのレベルに分けて分析できます。

行為の目的を見誤ると支障が生じることがある

何かをするときは多くのことが同時並行で起きています。「自転車を運転する」場合、ハンドルを握り、ペダルを踏み、バランスをとり…などが同時に行われます。ペダルを踏むなどはほぼ無意識に行える「操作」であり、複数の操作が集まった「自転車を運転する」は「行為」と区別できます。

「活動」が心理学の研究対象に

「行為」に重点を置いた実験例「スキナー箱の実験」

レバーを引くと
エサを貰える
実験結果
レバーを引くと（行為）、エサ（報酬）が得られることを学習したネズミはレバーをくり返し引くようになった。

スキナー箱とは、内部のレバーを引くとエサが出る実験装置。レバーを引くとエサが貰えると学習したネズミは、エサが出ない設定になった後もレバーを引き続けました。このネズミの行為は欲求にしたがった反応で、目的がありません。人間の心理を理解するためには目的のある活動レベルを研究対象にしなければならないため、動物実験ではその条件を満たすことが難しいのです。

そのうえで**「なぜ自転車を運転するか」という行為の目的に着目することが非常に重要です**。目的が「買い物」か「長距離サイクリング」かでは、意識されるものは異なり、その心理が行為や操作へ影響を与えます。

心理学者ヴィゴツキーは、行為の上位概念として、そのような目的に紐づいた**「活動」こそ人間の心理の基本単位であり分析の出発点**とみなしました。動物実験は刺激に対する反応（＝行為）を分析対象としているため、動物実験の結果は人間の心理とは区別しなければなりません。

このような考え方の流れがある中で、目的が人間の活動の中で果たす役割が重視されるようになりました。

PSYCHOLOGY

02

人間の活動は周囲との相互作用で生じている

活動理論のベース

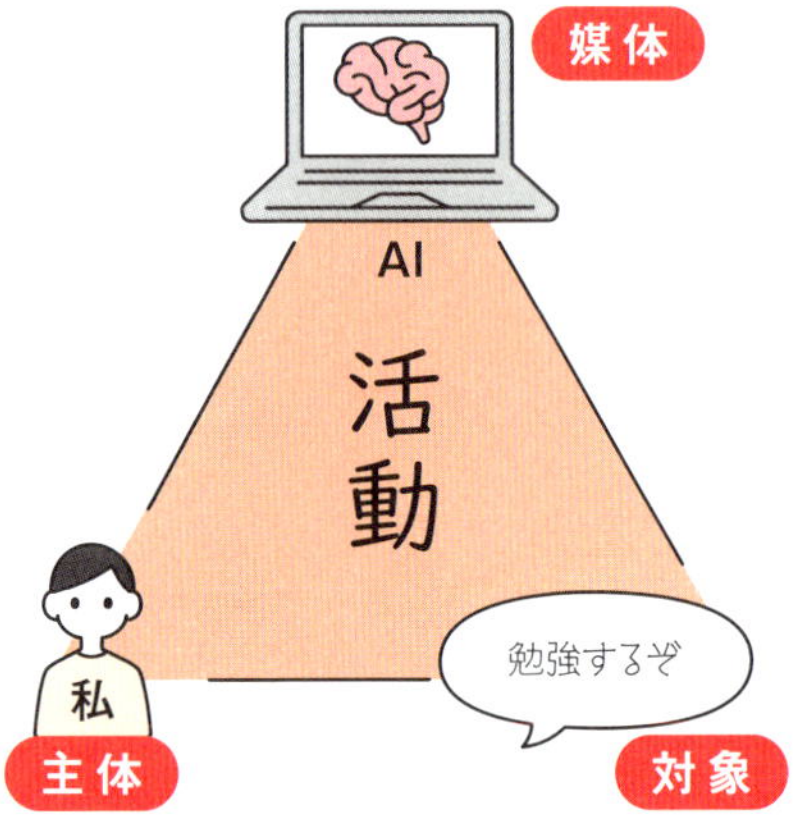

人間のすべての活動は個人的なものでなく、道具や環境などの社会的な媒体を通じて、目指す目的（対象）と関係するというのが活動理論。「私（主体）」が「AI（媒体）」を使って「勉強（対象）」をするとき、道具であるAIが私に対して勉強方法を変えることを促します。このように主体・媒体・目的の3つには相互作用があります。

人間はコミュニティからも影響を受けている

ヴィゴツキー派理論では活動・行為・操作を異なるレベルのものとして区別し、心理学では活動を扱うべきとしました。さらに、その活動は道具などを介して行われると考えました。こうした考え方を元に発展を遂げていったのが「**活動理論**」です。

ヘルシンキ大学のユーリア・エンゲスト

集団での活動理論

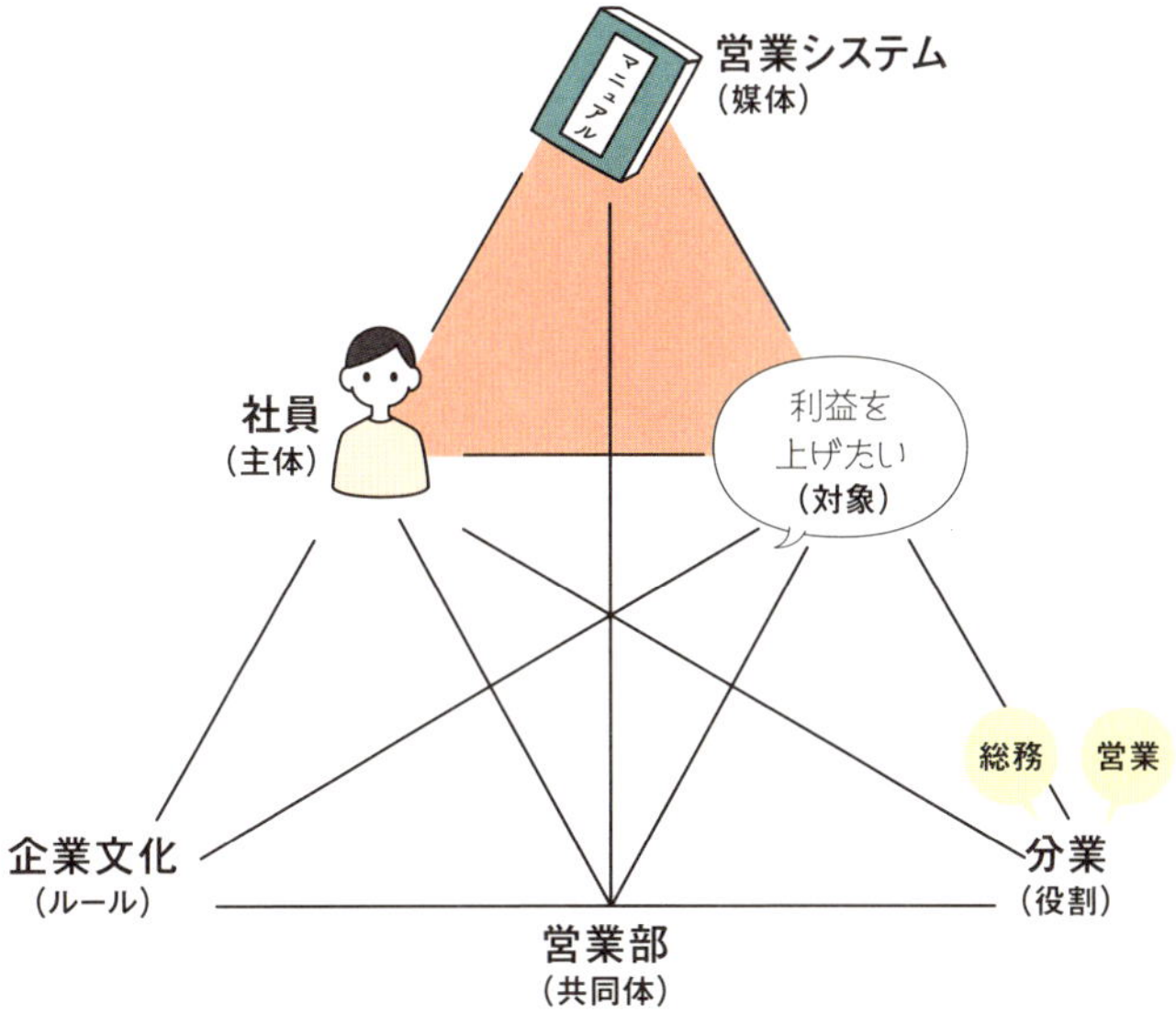

個人の行為を示す上部の三角形（主体-媒体-対象）にさらに他者との関係（下半分）を加えるとこのようになります。たとえば主体はコミュニティの中ではルールに則った活動を行い（主体-ルール-共同体）、コミュニティで対象に取り組む際には分業により行われます（共同体-対象-役割）。

ロームは「活動理論」の代表的な研究者です。彼は、**他者との関係性が活動に影響を及ぼす**ことを強調し、集団活動での三角形のモデル図を示しました。この図を見ると、活動は個人と集団のそれぞれの要素が関係し合っていることがわかります。

文化と人間の相互作用や心理を研究する**文化心理学**は、こうした活動理論がキーワードになります。たとえば精神疾患の治療では、課題への捉え方である認知を変えたり、それに思い悩む自分の感情を整えたりします。ですが課題の原因が集団の文化なら、それだけでは不十分。そこでそのルールや仕組みに目を向けるのが文化心理学的なアプローチです。

WHAT IS PSYCHOLOGY?

現代の心理学の視点❸

認知科学の視点

心と脳は密接に関わっています。
脳の働きを理解することで心の働きも理解しやすくなるでしょう。

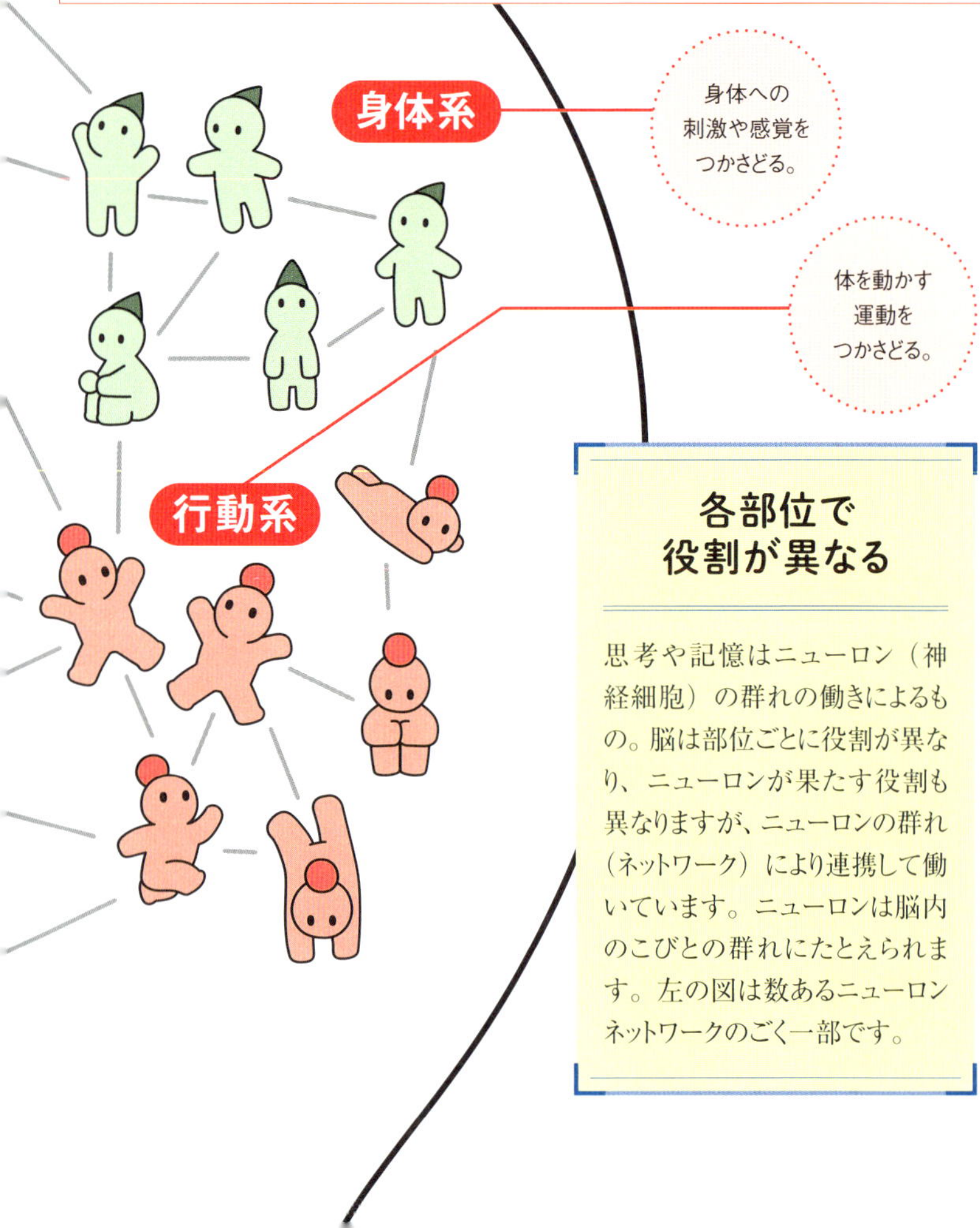
身体系
身体への刺激や感覚をつかさどる。
体を動かす運動をつかさどる。
行動系

各部位で役割が異なる

思考や記憶はニューロン（神経細胞）の群れの働きによるもの。脳は部位ごとに役割が異なり、ニューロンが果たす役割も異なりますが、ニューロンの群れ（ネットワーク）により連携して働いています。ニューロンは脳内のこびとの群れにたとえられます。左の図は数あるニューロンネットワークのごく一部です。

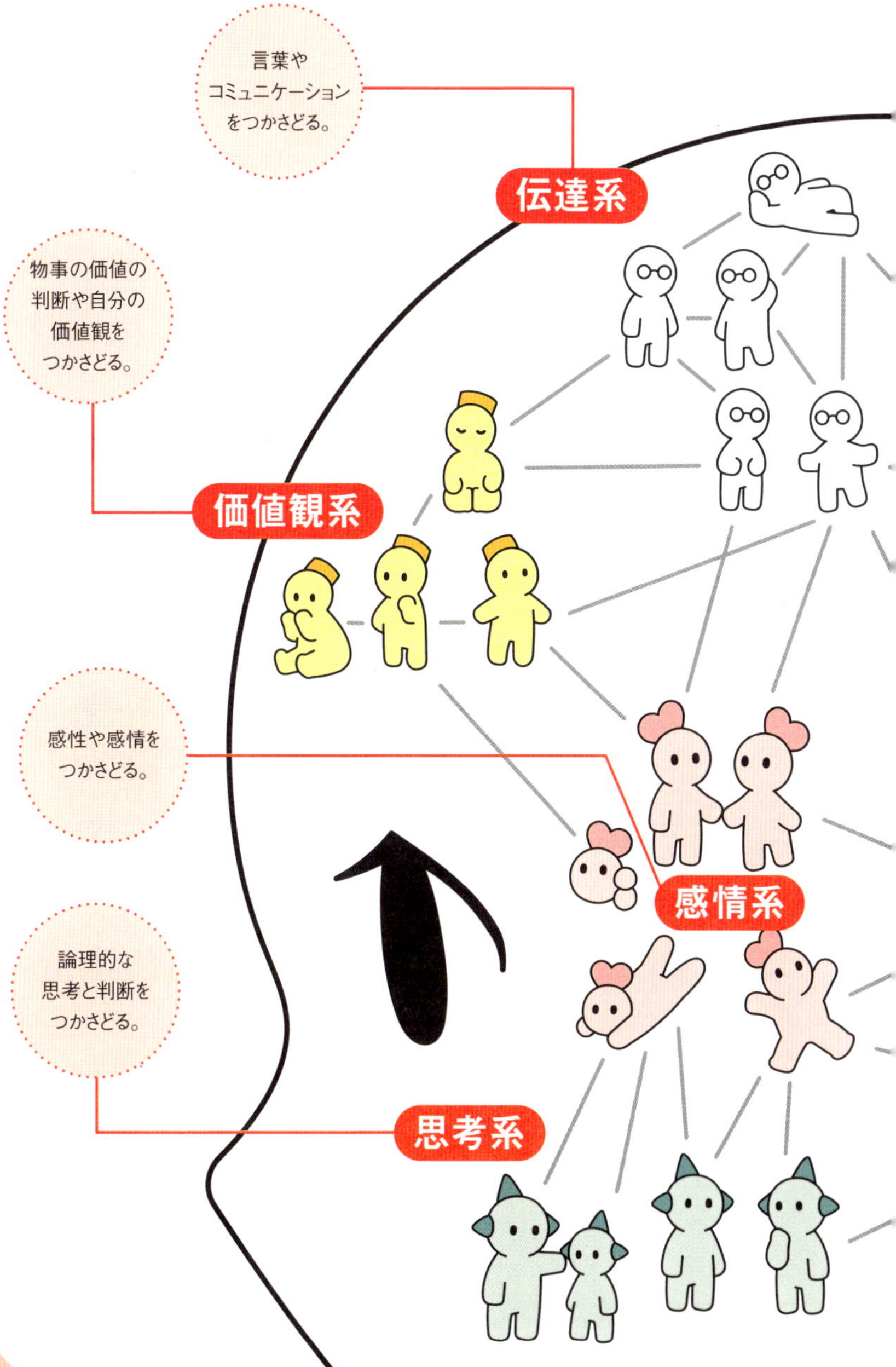
言葉や
コミュニケーション
をつかさどる。
伝達系
物事の価値の
判断や自分の
価値観を
つかさどる。
価値観系
感性や感情を
つかさどる。
感情系
論理的な
思考と判断を
つかさどる。
思考系

PSYCHOLOGY

01

心の働きを認知科学から解き明かす

人間が思考や記憶するとき脳内で何が起きているか

個々がつながり、並び合うようにして連携しながら情報を処理するというモデル（型）を「**並列分散処理**」と言います。ネットワーク化されていて、たとえ一部に支障が出ても、全体の働きに問題がないようにします。「人間の脳は並列分散処理をしている」というのが、認知科学の見解です。

ニューロンの活性化

一部のニューロンが何らかのきっかけで活性化すると、その周辺にいるニューロンも活性化します。

たとえば、感情が揺さぶられるような場面では、感情系のニューロンのネットワークが活性化する。これに合わせ、周辺の別のニューロンも活性化するため、思いもよらない記憶が思い出されることもある。

COLUMN

認知科学とは

人間がどのように情報を処理し、思考や記憶をしているのかなどを科学的に理解しようとする学問。脳と心と身体の働きを分析します。

脳の並列分散処理

脳は状況によって活発になる部位が異なり、ニューロンのつながりによって各部位が連携して動いています。これが脳の「並列分散処理」です。

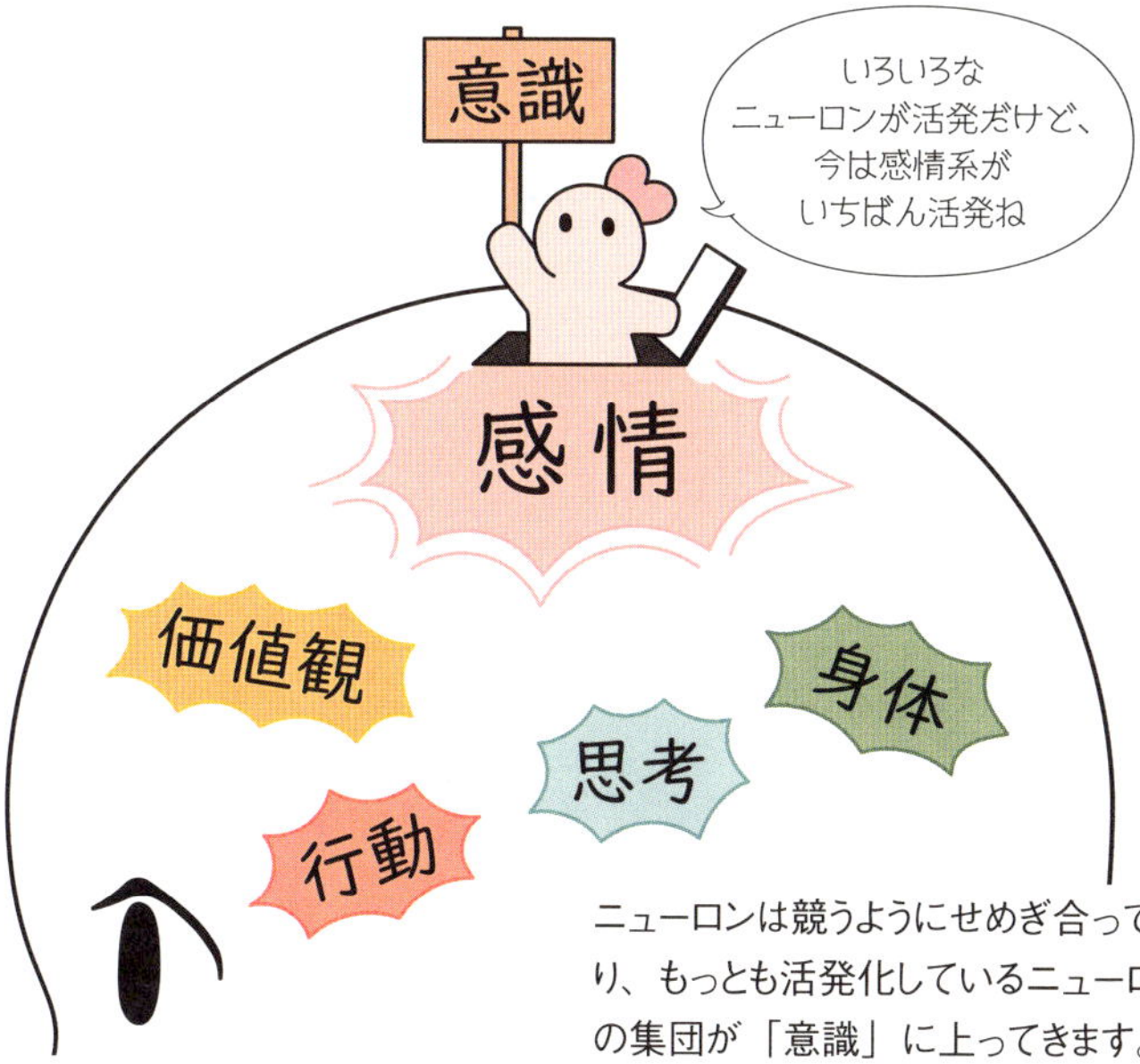
意識
いろいろな
ニューロンが活発だけど、
今は感情系が
いちばん活発ね
感情
価値観
身体
思考
行動

ニューロンは競うようにせめぎ合っており、もっとも活発化しているニューロンの集団が「意識」に上ってきます。

よく「人間の脳は5%しか使われていない」と言われ「残りの部分も使うと能力が最大限に発揮される」と思われがちです。しかしこれは「脳の一部が眠っている」とみなす誤り。実際はその時々で適した部分が連携して働いています。ちょうど、車のアクセルとブレーキは別の役割で、同時には踏まれないことに似ています。脳の100%を同時に使うとは、アクセルとブレーキを一緒に踏むようなことで、いずれ故障してしまいます。

　このように、脳の中で働いている部分は状況により入れ替わっています。そして、そのとき他に比べて、**より活性化している部分が意識にのぼりやすくなっています**。

WHAT IS PSYCHOLOGY?

現代の心理学の視点❹

スキーマの視点

認識の枠組みである「スキーマ」（メンタルモデルとも言う）はあらゆる場面で人間の心理や行動などに影響を及ぼしています。

どの肖像画も
「人間の顔」と認識できるのは、
鑑賞者の頭の中に
「顔スキーマ」があるから！

人間が物事を認識するとき、認識の枠組み「**スキーマ**」が働きます。たとえば「目が2つ、鼻が1つ、口が1つあるものは顔」と認識できるのは「顔スキーマが形成されている」からです。「車の正面が『顔』に見える」のも顔スキーマがあるため。幼児の落書きでも「顔を描いている」とわかるのも同じです。驚くべきことに、顔スキーマが形成されていなければ、人間は顔を「顔」と認識することができません。

人間はこのようなスキーマを得ることで、情報の理解をしやすくしています。ただしそのスキーマのせいで物事の判断に偏りが生じる「**認知バイアス**」に陥ることもあります。

PSYCHOLOGY

01

物事を認識する枠組み「スキーマ」とは

経験や環境などから物事の捉え方がつくられる

人間は幼いころからさまざまな物事を学び、「スキーマ」を獲得していきます。もしもスキーマがなければ、すべての物事をいつもゼロから理解することになりますが、スキーマがあることで物事は整理しやすくなり「これは○○だろう」「○○だからこうすればいい」という思考を働かせることが可能です。

スキーマの形成

情報に触れるとそれに応じたニューロンのネットワークが活性化し、これがくり返されることでスキーマが形成されます。そのため、スキーマの正体は**ニューロンのつながりのパターン**であると言えます。これは草むらに**けもの道**ができるプロセスに似ています。スキーマができあがると、以後はそれに当てはめて物事を認識するようになります。

認識を助けるメタファー

スキーマがない場合は比喩（メタファー）を用いることで、その物事を理解しやすくしています。

例 恋愛のスキーマがない宇宙人に恋愛を教える場合

恋愛ってケーキに
似ているの。
甘くて優しい
ものだよ

ケーキという比喩（メタファー）を使うことで新しい認識形成の補助をしています。

COLUMN

スキーマが新しい認識の妨げになることも

スキーマがあると物事を整理や認識しやすい一方で「こういうものだ」という先入観にとらわれやすくもなります。認識の枠外にある新たな物事を受け入れられないことで、スランプやハラスメントなどにつながることもありえます。

ただし、スキーマがいつもよい方向に影響するとは限りません。たとえば思い込みが誤解を生んでいるような状態がそれに当てはまります（認知バイアス）。スキーマは経験や環境から獲得するため、属する社会や集団からの影響もあります。厄介なのは、自分のスキーマを変えることは容易ではないことです。他者の家庭の習慣や外国の常識に戸惑うのは、自分の持っているスキーマとは異なるためです。

スキーマを変え新たな認識をするには「**メタファー**」が有効です。「彼は虎のような人だ」と言うと、虎の貫禄や強さなどのイメージが湧くでしょう。こうしたイメージを借りてスキーマを形成し、理解を進めるのです。

WHAT IS PSYCHOLOGY?

現代の心理学の視点❺

多重知能理論の視点

人間の知能は知識や読み書き・計算だけではありません。
多くの知能や感情が重なり合ってることを理解しましょう。

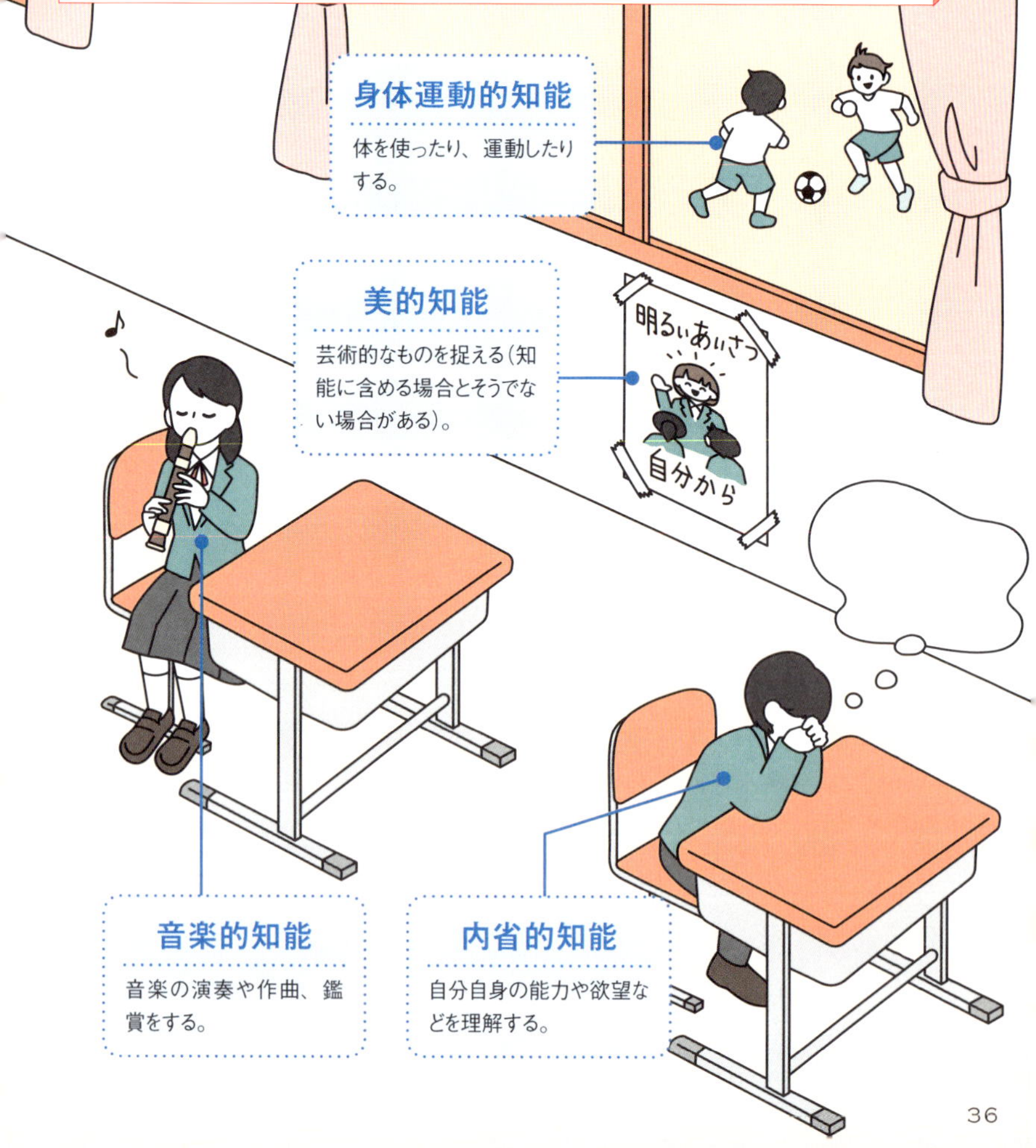

身体運動的知能
体を使ったり、運動したりする。
美的知能
芸術的なものを捉える（知能に含める場合とそうでない場合がある）。
明るいあいさつ
自分から
音楽的知能
音楽の演奏や作曲、鑑賞をする。
内省的知能
自分自身の能力や欲望などを理解する。

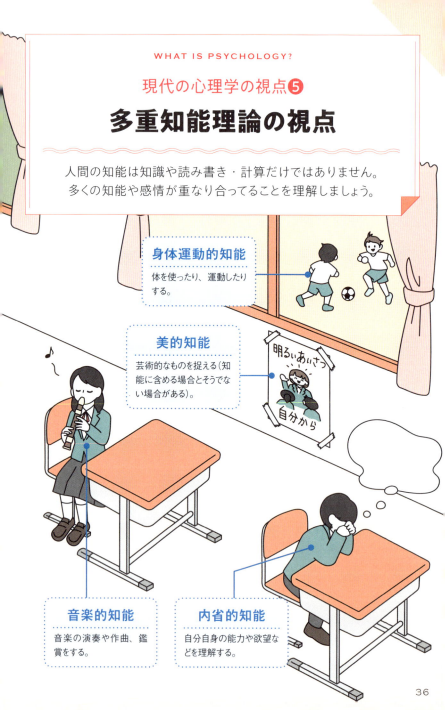

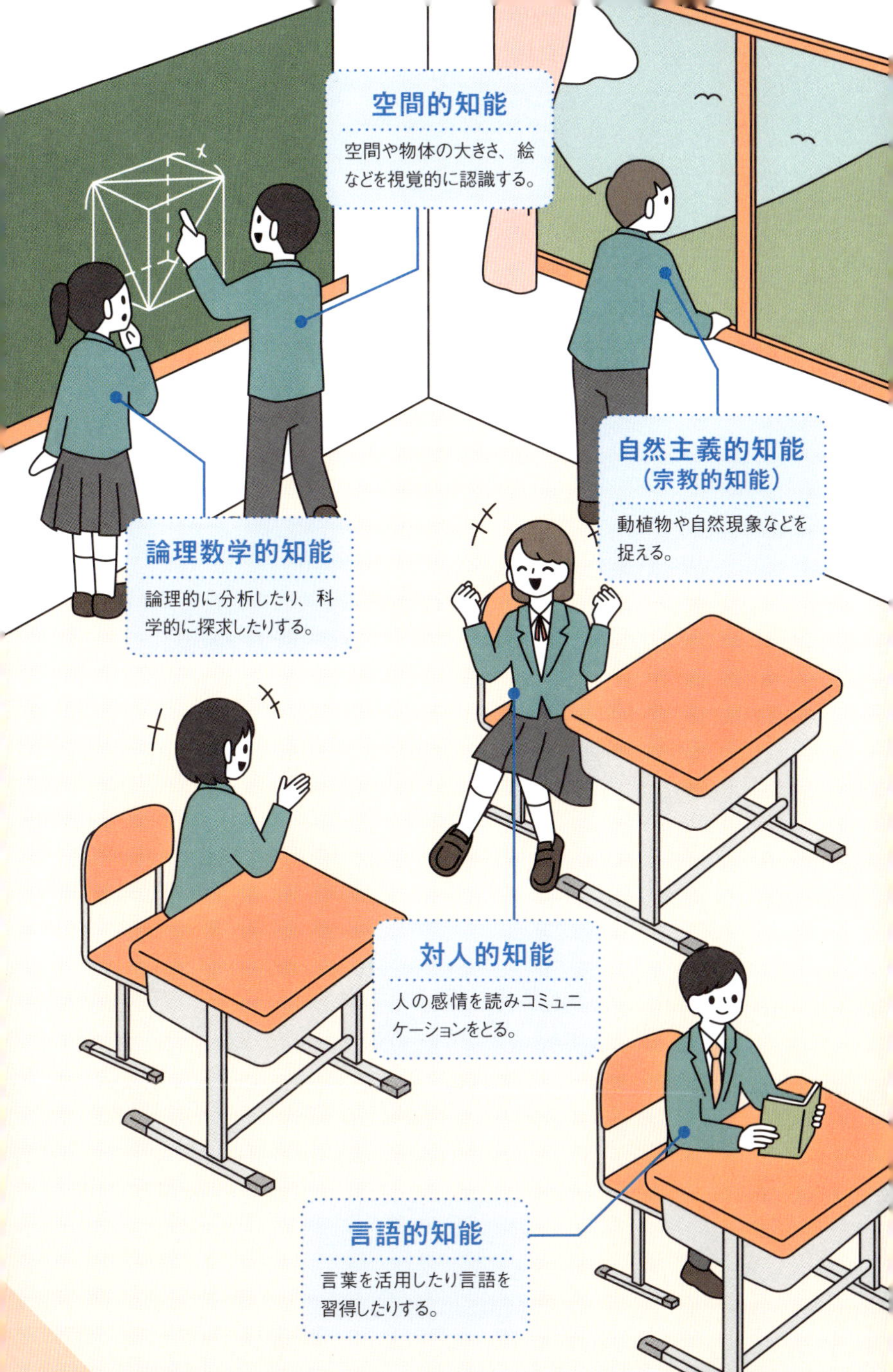
空間的知能
空間や物体の大きさ、絵などを視覚的に認識する。
自然主義的知能
（宗教的知能）
動植物や自然現象などを捉える。
論理数学的知能
論理的に分析したり、科学的に探求したりする。
対人的知能
人の感情を読みコミュニケーションをとる。
言語的知能
言葉を活用したり言語を習得したりする。

PSYCHOLOGY

01

人間の才能は多重で多元にできている

知能は一元的ではなく多元的・多重的なもの

アメリカの心理学者ハワード・ガードナーは、知能は一元的でなくさまざまにあり、それらが都度、重なり合って発揮されることを提唱しました。これが「**多重知能理論**」です。この理論では前ページに示したような多くの知能が紹介され、ガードナー自身も理論を発展させ続けました。

5Q説

日本ビジネス心理学会は、能力には5つの基礎要因があると理論づけて提唱しています。

IQ Intelligence Quotient	思考や知能。知識や記憶力、計算力などを指す。論理数学的知能、言語的知能が当てはまる。
SQ Social Quotient	周囲や社会との関係性。仲間とのつながりなどの人間関係。対人的知能が当てはまる。
AQ Activity Quotient	行動や実践。行動量や行動内容など。身体運動的知能が当てはまる。
EQ Emotional Quotient	感情や感性。自分や他者の感情を捉えたりする能力。空間的知能、音楽的知能、美的知能が当てはまる。
OQ Objective Quotient	目標や目的。何をしようとしているかといった動機。自然主義的知能（宗教的知能）、内省的知能が当てはまる。

活動の根幹は人間関係

SQ
人間関係などの環境は、活動に対して大きな影響を与える。

人間が活動したり能力を発揮したりするには5Qが関わっています。SQからはじまる傾向にあるものの、順番は場合によって異なります。

OQ
「どうなりたいか」という動機は活動に欠かせない要素。
IQ、AQ、EQ
活動をしていくと、練習やコミュニケーションなどの過程で、知性、身体、感情が成長していく。
めざせ日本代表！

このように知能はさまざまだという視点は心理学的に物事を見るために大切です。人間の知能というと、いわゆる〝頭のよさ〟を測るIQがよく知られますが、それだけでは不十分。かと言って、その後注目された感情の力であるEQを加えるだけでも足りません。

そこで日本ビジネス心理学会は**5Q説**として、5つの能力から人間の活動や心理を見ることを提唱しています。たとえばアドラーは人間関係に着目しましたが、これは5Q説ではSQとして組み込みます。人間関係（SQ）から始まり、知性（IQ）、身体（AQ）、感情（EQ）が成長し、目標（OQ）に向かうとしています。

COLUMN

「物語」を分析する心理療法

フロイトは眠っているときに見る「夢」という「物語」を分析することで、クライアントの無意識の世界に踏み込み、心の問題を解決しようと試みました。この夢分析は現在でも心理療法で用いられる治療手段です。

ただし、フロイトは一つ見落としていました。それは、人間は記憶を語るときに、そのときの気分や状況により記憶を歪ませて物語を再構成してしまうということです。夢を語るとき、それは実際に見た夢とは異なる偽の夢になっているのです。

しかし、語る内容の真偽に関わらず、実際に多くのクライアントが夢分析によって救われてきました。これには、セラピストと患者の「対話」による「外化」の効果があったと考えられます（P48 参照）。

一方でユングは夢や記憶ではなく、実際に存在する物語を分析しました。世界各地の神話や民話には地域や文化を超えた類似のテーマがあることを指摘し、これは集合的無意識の表れだと説きました。

その後もさまざまな研究に影響を受けながら、物語を分析するという手法は、現在のナラティブ・セラピーという新しい心理療法に発展してきています。多くの研究者の手法や理論が現代の心理療法の礎となっています。

CHAPTER

2

PSYCHOLOGY

ストレス社会を乗り越える発達と幸福の心理学

仕事のプレッシャーや憂鬱な想像など、
生きていればストレスとは無関係にいられません。
ストレスを克服し、自身を成長させる方法を、
心理学を通して学びましょう。

CASE

ポジティブな人のほうが人生はうまくいくのか？

成功=幸福ではありませんが、成功者はポジティブで明るく見えます。成功者のマインドを知りましょう。

ポジティブだったら幸せになれたのかなぁ…

物事に成功している人はポジティブで幸せそうに見えます。とくに自分がネガティブだと、成功している人の姿は対照的でまぶしく感じるものです。

しかし、**成功＝幸福ではありません**。たとえば年収が上がれば幸福感が増すわけではないという調査結果もあります。

「成功すれば幸福になれる」というのは固定観念にすぎません。逆に「幸福だから成功する」という発想もあります。これは「**幸福優位の法則**」と呼ばれ、ポジティブ心理学の原理になっています。

物事の成功と、ポジティブとネガティブの関係について知りましょう。

ADVICE

ポジティブとネガティブのバランスが成功の秘訣

物事をうまく進めるために ネガティブな考え方も大事

成功している人はポジティブな傾向にあります。しかし、ただポジティブというわけではありません。ここでよく引き合いに出されるのが「成功している人は、ポジティブ発言とネガティブ発言の比率が約3：1」という、マルシャル・ロサダらが2005年に論文で発表した「**ロサダの法則**」です。

ロサダの法則

成功者の性格は

という感情比率が多い！

問題点

- この法則を証明した統計数学に誤りがあった。
- 成功の基準が欧米人の価値観によるもの。
- 日本人を調査するとポジティブ2：ネガティブ1になった。調査地域や国民性（遺伝子や体質）によって比率が異なる。

“防衛的悲観主義”が成功の鍵

防衛的悲観主義
あえて物事を悪く考えてリスクを回避するように努めることで、よい結果につなげるという考え方。入念なチェックや、十分な練習によって成功へとつなげている。
一般的楽観主義
過去に起きたどんな出来事もポジティブに成功だと捉え、次に行動したときもまた成功できるとする考え方。
非現実的楽観主義
ネガティブな過去を省みずに、次は成功できるとする考え方。
一般的悲観主義
過去の出来事をネガティブに捉え、次もまた失敗してしまうのではないかという考え方。

ロサダの法則は後に、データの数学的根拠が乏しく、成功の基準が欧米文化に偏っていたことから批判を受けます。しかし比率はさておき、基本的にポジティブでありながら、少しのネガティブさも併わせ持つ人が成功する傾向にあることは確かなようです。

たとえば会社の中では、完全にポジティブな人より、少しネガティブな人が出世していたりします。これは「**防衛的悲観主義**」であるために成功しているのだと考えられるでしょう。

大事なことは、ポジティブかネガティブかという両極の見方をしないことです。少しはネガティブな面を持つほうが自然であり、むしろ成功の近道になります。

CASE

気持ちが沈んでいて悩みに気をとられてしまう

鬱々とした気分でいると嫌な出来事を思い出して
眠れないことも。なぜ悪いことばかり思い浮かぶのでしょう。

人が記憶をする仕組み

脳にはたくさんの神経細胞（ニューロン）があります。これらがつながってネットワークをつくることで、人は物事を記憶できます。このとき、頻繁に思い出したり、考えたりするような情報があれば、脳内のネットワークが強化され、連想がパターン化されます。これらを「記憶の連想ネットワーク理論」と言います。

ポジティブな気分のときにはポジティブな記憶を思い出しやすくなります。これは「**気分一致効果**」によるものです。たとえばポジティブな気分になると昔の楽しかった記憶を思い出しやすくなるのです。記憶と感情（気分）は深く結びついていることがわかります。

一方、ポジティブな気分のときに覚えた物事はポジティブなときに思い出しやすい現象を、「**気分状態依存効果**」と言います。

これはネガティブな場合も同じです。ネガティブな出来事がネガティブな気分のときに思い出されるのは、気分と記憶の結びつきも原因になっています。

ADVICE

言葉にすれば感情はコントロールできる

物事をうまく進めるために ネガティブな考え方も大事

人間は他者とまったく同じ感情を持つことはできません。喜怒哀楽の種類は同じでも、その中身は少しずつ違います。自分の感情を言葉でラベリングすることを「**外化**」と言います。外化をしてお互いの違いを理解し、似た部分を見つけて、ようやく人間は共感できるようになるのです。

外化の効果

感情を外化（ラベリング）することで自分を客観視できれば、怒りをコントロールするアンガーマネジメントにも役立ちます。

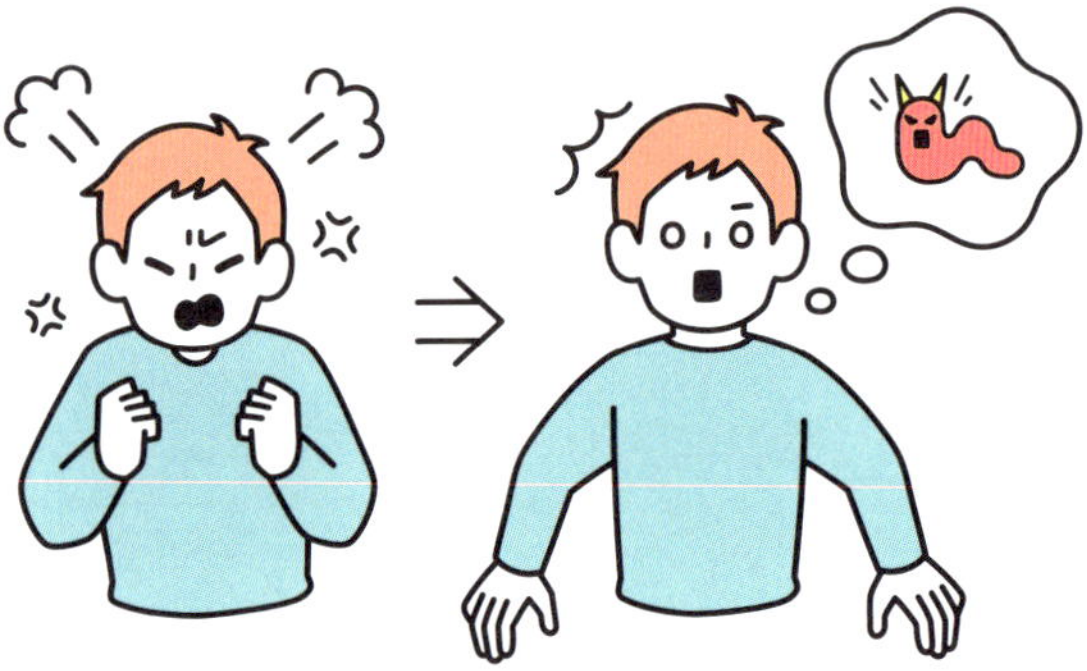

たとえば怒りの感情を「怒り虫」などユーモラスな言葉に置き換え、イライラしたときに「怒り虫が騒ぎ出したぞ」と自分を茶化すと、怒りがおさまっていきます。外化によってあたかも別の視点から自分を見ているようになり、冷静になれるのです。

“モヤモヤ”を書き出す

① 何に悩んでいるのか書き出す

悩みごとについて、その状況と自分の感情を書く。誰に見せる必要もないため、素直な感情を思うままに書いてみる。状況や感情を書き出して“モヤモヤ”の正体を把握する。

② 感情にコメントを入れる

①で書いたことを読み直す。そのうえで、①に書いた状況や感情に対して今の自分がどのように感じるかを書く。これによって自分を突き放して（外化して）、モヤモヤしていた自分を冷静に見られるようになる。

自分の感情についても同じことが言えます。多くの場合、悩みごとはそれがどんな中身なのかという整理ができていません。そこで、まずは自分の感情を外化することによって第三者的に自分を見て、問題を明確にします。すると次第に解決の糸口も見えてくるかもしれません。

外化は言葉にして書いてみることが有効です。コツはそのときの状況や自分の素直な感情を書き出してみて、書き出された感情を客観視してどう感じるかというコメントも入れること。つまり自分を二重構造にするのです。すると客観的に見たそのときの状況やネガティブな自分に気づいて、気持ちの整理ができるのです。

CASE

ストレス耐性を高めたい

ストレス対策の心理的な対処法であるレジリエンス（回復力）とGRIT（やり続ける力）について知っておきましょう。

ストレスを構成するもの

「外部刺激（ストレッサー）」と、それを受け取る人の「内的要因」が掛け合わさって、人はストレスを感じます。これまでは外部刺激を減らすことがストレス対策でした。しかし現在は内的要因と外部刺激の相互の関係性に目が向けられています。

心の“質”が高まると ストレスを感じにくくなる

ストレス耐性がある心の“ 質 ”は、たとえるなら弾力性の高い柔軟なボールのようなものです。外部刺激があっても、それを押し戻して、すぐに元通りになることができます。

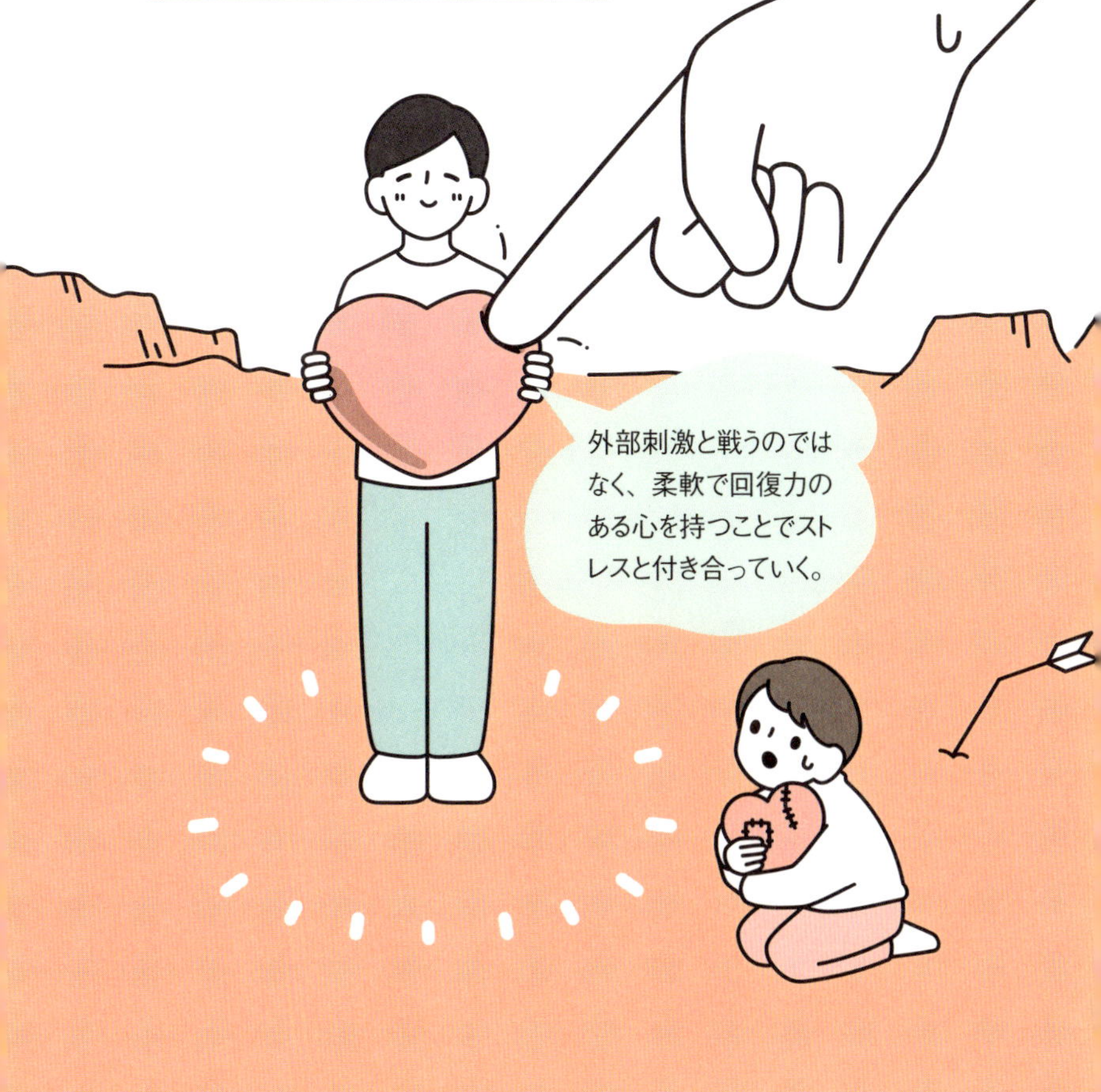
外部刺激と戦うのではなく、柔軟で回復力のある心を持つことでストレスと付き合っていく。

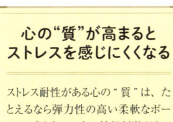

ADVICE

心を柔軟に保つことが ストレス対策に効果的

レジリエンスを高める

逆境や困難を乗り越えて回復する力を「レジリエンス」と呼びます。メンタルヘルスを保ったり、ストレスを自分の成長の糧にしたりしていくためには、レジリエンスを高めることが有効です。

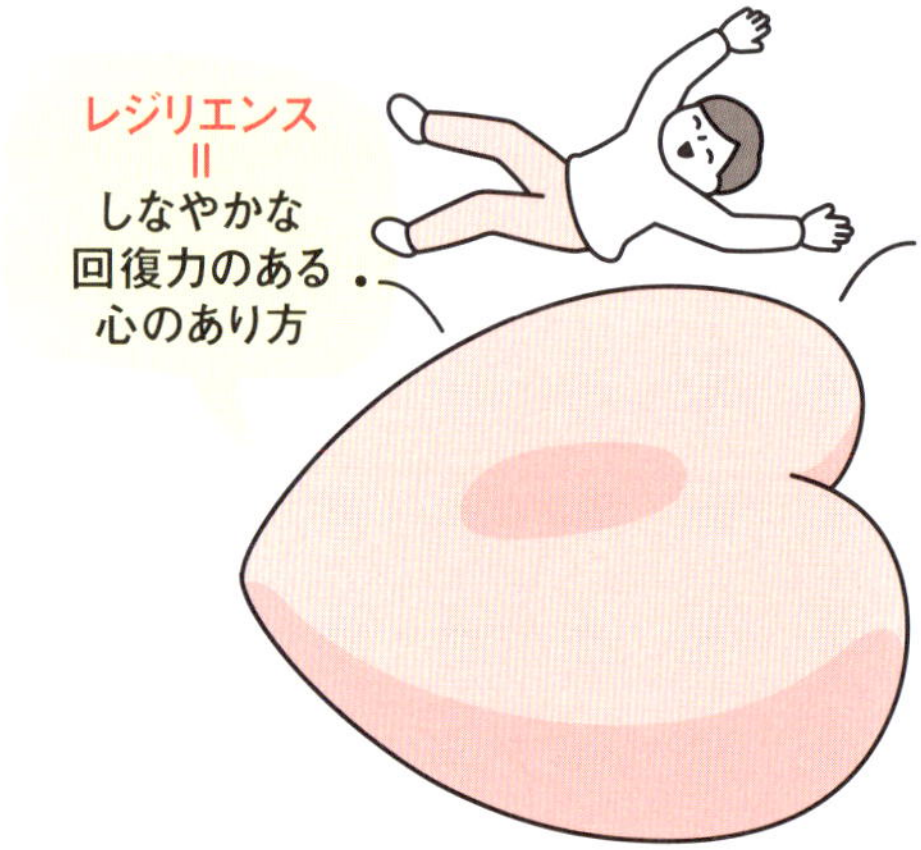
レジリエンス
=
しなやかな
回復力のある
心のあり方

レジリエンスを高めるには、ストレスの原因への理解を深め、対処法を知っておくことが重要です。

ストレスを能動的に自分の力になるように変えていく

ストレスは気温や騒音などの物理的な原因、過労や睡眠不足などの生理的な原因、対人関係や社会環境などの社会的な原因が考えられます。原因を減らすことができればいいのですが、難しい場合もあります。そこで**ストレスを自分の成長や発達のバネに変えていく**という発想が生まれました。

やり抜く力のGRIT

GUTS
困難に立ち向かう
度胸

RESILIENCE
失敗しても挫けない
回復力

INITIATIVE
自発的に動く

TENACITY
あきらめない
粘り強さ

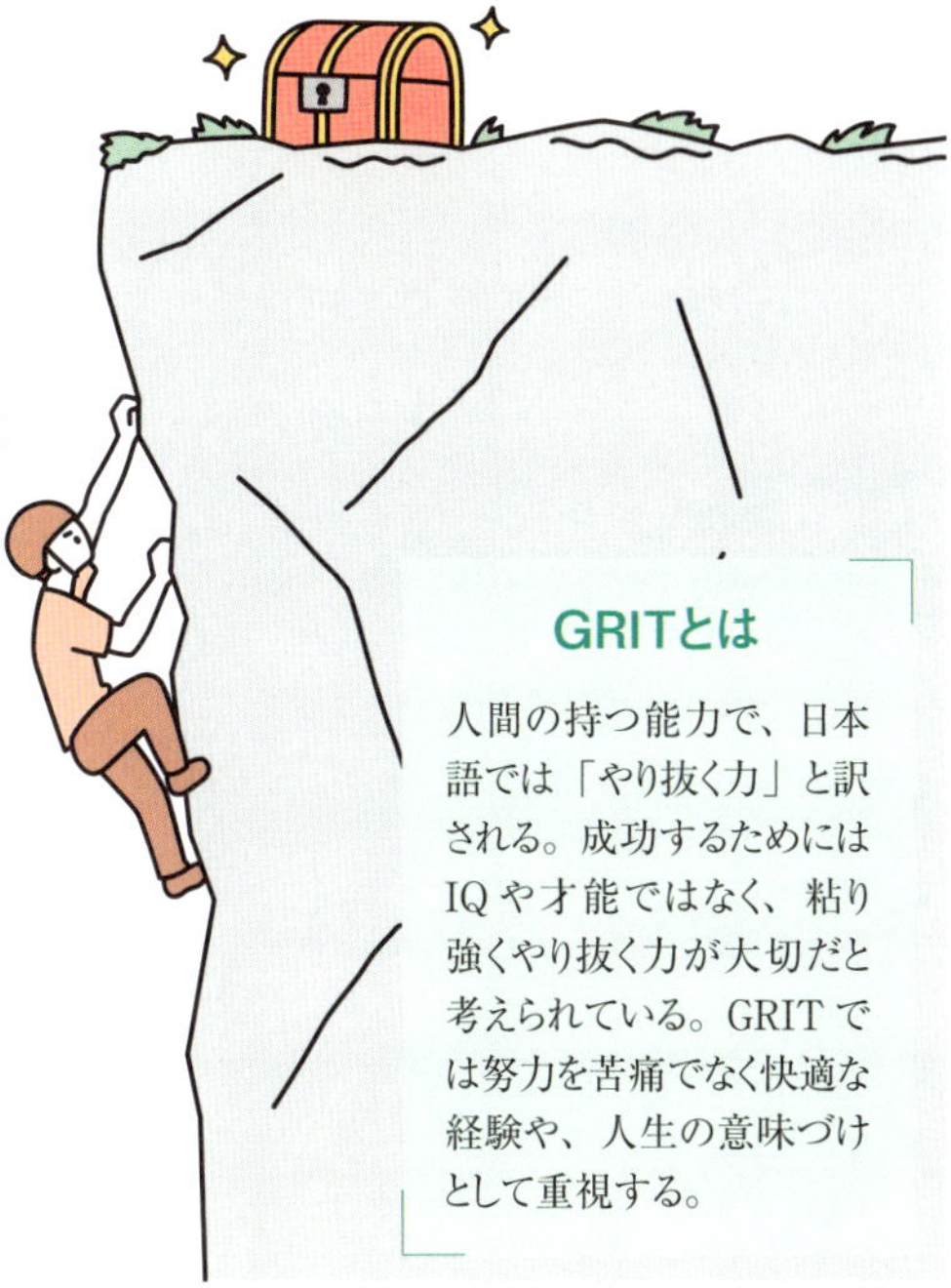

GRITとは

人間の持つ能力で、日本語では「やり抜く力」と訳される。成功するためにはIQや才能ではなく、粘り強くやり抜く力が大切だと考えられている。GRITでは努力を苦痛でなく快適な経験や、人生の意味づけとして重視する。

実際に、ストレスがほどよい緊張感を生み、よい結果を残すケースもあります。これはストレスの存在を認めないということではなく、その存在をきちんと認識することで可能になります。ストレスの原因を知り、対処法を身につければ、ストレスはチャンスに変えられます。

ストレスを乗り越えるためにポイントとなるのが「**GRIT（やり抜く力）**」です。「大きな意義のある目的に貢献している」という意識がGRITにつながると言われます。たとえば仕事なら、顧客への貢献がどのように大きな目的に結びつくかを理解すること。これによりストレスがある環境でも、やり抜く力が身につきます。

CASE

あれこれ考えるクセを やめて心を休めたい

不安や後悔について考えはじめたら眠れないときもあります。
心身を休めるための対処法を覚えておきましょう。

ネガティブは脳にダメージ

「あれこれ考える」というのは頭の中で嵐が吹き荒れているようなもの。とくにネガティブなことを考え続けていると、どんどん気持ちがふさぎます。これは「これから起きるかもしれないこと」に意識が向き、“注意が固まった”状態です。するとネガティブな感情が循環し、脳の奥にある扁桃体《へんとうたい》や記憶をつかさどる海《かい》馬《ば》などにダメージを与えます。マインドフルネスはこうした脳のダメージへの対処になります。

ADVICE

呼吸に意識を向けることでマインドフルネスな状態になる

今に集中し心身を一体化 能力を発揮できる状態に

21世紀に入ったころから心理学の世界で身体の捉え方が変わりました。単なる心の〝入れ物〟でなく、〝心に作用する第二の脳〟と捉えるようになりました。

心身の一体化で注目されるのが「**マインドフルネス**」です。健康促進にも役立てられ、ビジネス界ではGoogle

身体と脳の関係

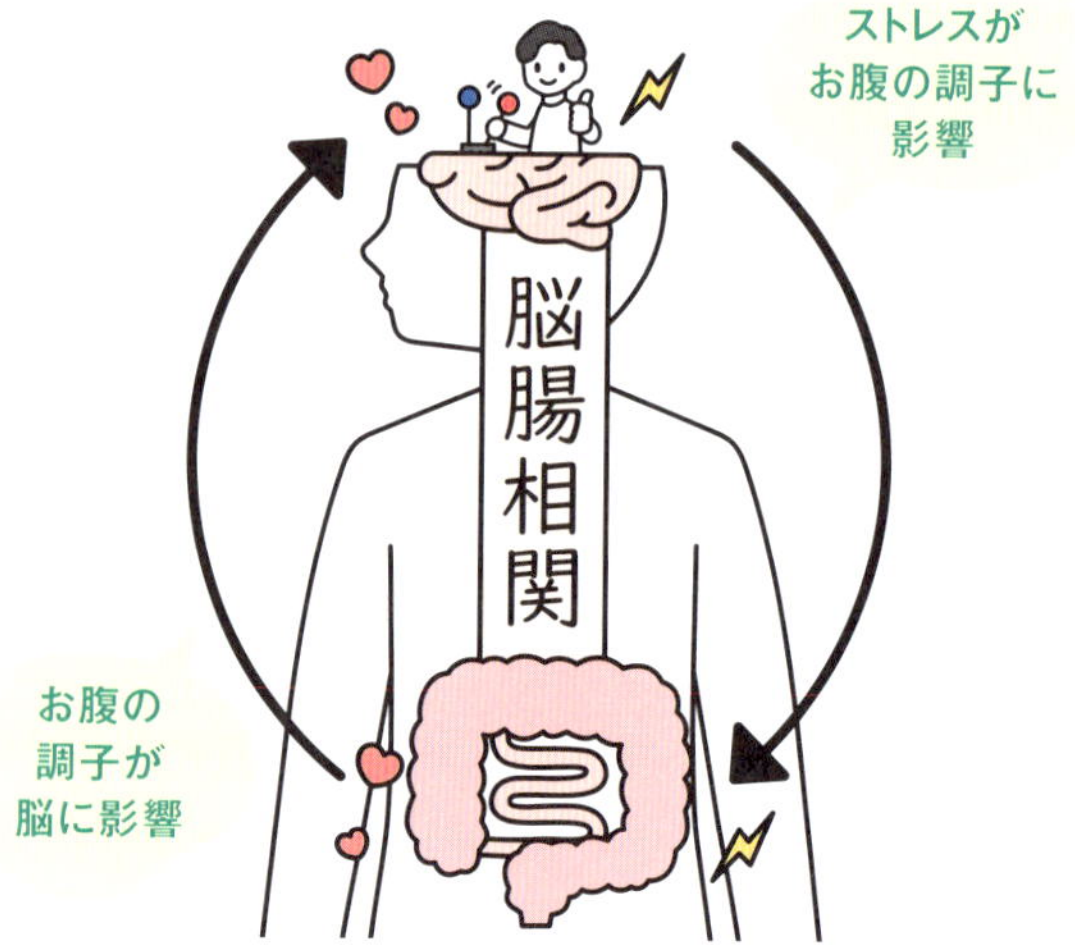

ストレスが
お腹の調子に
影響
脳腸相関
お腹の
調子が
脳に影響

たとえば、ストレスを感じると胃腸の調子が悪くなることがあります。これは脳と腸が互いに影響を及ぼす、脳腸相関《のうちょうそうかん》があるからです。同様に腸も脳に影響を与えます。近年、筋肉や骨、内臓が脳の神経伝達物質と深く関係していることがわかってきました。

呼吸に集中してマインドフルネスに

マインドフルネスは、あれこれ考えてしまう雑念や、自分の価値観や思い込みも横に置き、「今現在」に集中します。これにより心身の健康や幸福感を高めることが期待されています。マインドフルネスの方法としては呼吸法や瞑想法が知られています。

呼吸法のやり方

肺だけでなくお腹で、また皮膚からの呼吸も意識する。全身を使うことで脳腸相関のように脳にも影響が及び、リラックス効果をもたらす。

社が人材育成に取り入れています。

マインドフルネスとは**「今に集中しながら呼吸に意識を向け、あるがままでいる」という状態**。心と身体が一体となることでその人の能力が大いに発揮されやすくなります。また「あるがまま」によって、気づきを得られやすくなります。こうしたことから、マインドフルネスは禅や仏教の考え方に通じる部分もあるとされています。

マインドフルネスのための手法としては呼吸法や瞑想法が知られます。あれこれ考えすぎて混乱した状態から、呼吸に集中して落ち着きを取り戻していきます。胸、お腹、皮膚、全身を使った呼吸が脳に伝わり、マインドフルネスの状態を生みます。

CASE

自分の本当の強みを知りたい

自覚する強みは弱みかもしれず、気づいてさえいないことが本当の強みかもしれません。強みと弱みは表裏一体です。

強みと弱みの二面性

本人は強みだと思っていることが、実は周囲からは弱みだと見られていることがあります。たとえば「話しが得意な人」は「人の話を聞かない人」かもしれません。強みと弱みは表裏一体の関係にあります。

環境によって
強みと弱みが変わる

周囲の環境や関係性によっても、強みと弱みは転じます。たとえば受験で暗記を強みにしていた人が就職したらマニュアル的な能力よりも革新的な発想力を求められるようになるケースです。環境により求められる能力が変われば、強みは弱みに、逆に弱みは強みになります。

ADVICE

自覚のない強みを理解できれば本当の強みになる

成功体験で強みを勘違い？ 強みは失敗からも見つかる

行動に対して「〇〇だからに違いない」などと推測することを「**原因帰属**」と言います。物事の成功は強みに結びつけやすく、失敗は弱みに結びつけやすいという原因帰属があります。このことから、自覚された強みは成功体験から導いた「わかっているつもり」の強みである可能性があります。

劣等と優越のコンプレックス

劣等コンプレックス

自分が劣っていると思うこと、過度な劣等感により人生の課題から目を背け、現実から逃げようとすることを劣等コンプレックスと言う。

優越コンプレックス

過度な劣等感によって、本当は優れていないのに優れているように見せかけたり、過去の栄光にすがったりする。これらにより人生の課題から目を背けていることを優越コンプレックスと言う。

フィードフォワードで強みを見出す

フィードフォワード 「これからどうするか」と未来に目を向けること。

営業トークが苦手な営業社員の場合

弱み トークが苦手 → **無理してしゃべらなくてもいいようにする**

対策1 資料を念入りに作成
説明無しでもわかるように図解を入れたり、文章を練ったりして、工夫を凝らした資料を作成する。

対策2 傾聴力を高める
お客様の要望を丁寧に聴くことに努めて、ニーズを正確に把握する。

対策3 手厚いフォロー
こまめに連絡をとってフォローし、お客様との信頼を構築する。

実際のところ成功体験が自分の強みによるものかはわかりません。偶然が重なって生まれた成功を自分の強みのおかげだと思っていると、もしも失敗してしまったとき「**劣等コンプレックス**」や「**優劣コンプレックス**」といった落とし穴に落ちる危険があります。

そうならないためには、まず強みと弱みは裏表の関係にあることを知っておきましょう。そして未来志向の「**フィードフォワード**」などにより自覚していない強みを見出していくと、本当の強みの自覚につながっていきます。

ポイントは弱みの改善より、強みの発見や強化を優先すること。強みに注目すると自信が生まれ、能力を十分に発揮できるのです。

CASE

部下が自分の話を集中して聞いてくれない

若手メンバーがそわそわと話を聞いて集中していない。
その理由は、時間感覚の違いにあるかもしれません。

時間感覚は年々変化する

「部下が集中していない」のでなく「自分の話が長い」可能性もあります。自分が思っているよりも、実際の時間は進んでいるのです。これは年齢を重ねるほど1日の体感時間が早くなるという生態メカニズムが原因です。

ADVICE

若者とシニアでは時間感覚が異なる

時間スキーマ

歳を重ね、体・脳の神経系の衰えにより時間感覚は変わります。しかし若いころの時間スキーマが変わっていないために感覚と実際の時間にズレが生じます。

メリット

生理的な変化で歳を重ねると時間が早く感じる。これは病苦の苦しみや苦痛を感じる時間も短く感じられるということでもある。

改善できる?

時間を客観的に把握するトレーニングがある。「3分経ったと感じたら、時間のズレを確認」というモニターをする能力訓練。

時間感覚は年齢で変化することを知っておく

年齢が上がるにつれて、生理的な機能の変化によって時間の感覚が変わってきます。しかし一方で、若いころに獲得した**時間感覚のスキーマ**は変化しにくいため、実際の時間と差が出てくるのです。「歳を重ねるごとに一年が早い」というのは、この時間スキーマのズレによるものです。時間感覚の変化

心理的時間でタイムマネジメント

フロー（Flow） 目の前のことに時間を忘れるほど没頭し、能力を発揮できている状態。幸福感につながる概念。

仕事の整理

タイムマネジメントによりフロー状態に入る工夫もある。まず仕事を一覧化し、優先度をつけ、似たものはまとめる。

→

仕事の焦点化

こま切れだと集中も途切れがちだが、似た作業をセット化することで焦点が定まり集中が長く続きやすい。

備品の整理
各種申請
定例のメール
手の込んだ資料の作成

似た作業をまとめ、中でも重要度の高いものから取り組むとよいでしょう。バラバラで途切れがちだった集中が、まとめることでフローに入りやすくなります。

に気づかないと、知らずして「話が長くなる」など周囲に迷惑をかけてしまいます。

加齢原因による時間感覚の変化以外にも、集中しているかどうかで時間の感覚が変わることもあります。集中によって、その時間以上の効果を発揮できます。心理学ではこのような状態を「**フロー**」と呼びます。時計や周囲を気にしないほど、その仕事に没頭しているフローの状態は、本人の幸福感にもつながり、いわば密度の高い時間を過ごしていると言えます。タイムマネジメントをすることで意識的にフロー状態に入ることができます。

このような集中しやすい環境を整えるのもビジネススキルのひとつです。

CASE

よくない習慣をあらためたい

よくない習慣を変えたいなら次の3つのポイントを押さえて行動に移しましょう。どこからはじめても構いません。

記録をつける

日常の中で変えたい行動をスコア化（数値化）して記録します。結果にこだわる必要はありません。点数をつけるという行動そのものが大事なのです。

小さな変化を起こす

小さな行動でもいいので、まずはとにかく動いてみましょう。行動するごとに小さな変化が積み重なっていくことを意識します。

行動に注目する

「直したいな」「ダメだな」という思考ではなく、「できた」「できなかった」という行動そのものに注目します。

ADVICE

自分の望む行動をスコアにして変化を見える化しよう

小さな行動からはじめて大きな変化につなげていく

習慣を変えるのに肝心なのは出だしの「まずやりはじめる」ことです。ありたい姿を先取りする「**プロアクティブ行動**」を念頭に、変えたいと思う習慣行動よりも、まずはその手前にある動作ができるようにしておく。手前の動作ができればそれが刺激となって次の動作につながり、習慣

プロアクティブ行動

「プロアクティブ行動」とは、ありたい姿を想定して先取り行動することです。たとえば、ジムに行くのに気乗りがしないときはジムではなく、とりあえずジムの隣のカフェに行く、という行動の先取りをしてみましょう。

ジムで運動するかはわからないけど、隣のカフェには行こうかな
〇〇駅
CAFE
GYM
HOME

すると「せっかく近くに来たわけだから、ついでにジムに行こうか」という気持ちになりやすくなるのです。

結果にこだわらないのがコツ

行動について記録をつけて変化を測れるようにします。記録ツールは、スマホやメモ帳など何でも構いません。

Point 1

結果にこだわらない

行動の成果は後回し。まずは３週間、次は３か月、その次は１年と、行動の継続を優先する。

Point 2

評価をしない

日々の結果の良し悪しで評価しない。たとえば悪いとみなすと、ネガティブな事実に意識が向き、さらに悪い結果を引き起こしやすくなる。

Point 3

他の習慣も測定してみる

同時に他の習慣についても記録してみるのもおすすめ。意外な相関性が見えてくれば、習慣の改善に役立つことも。

運動（ジム）
○月○日 2
○月△日 4
読書
○月○日 3
○月△日 1
幸福度
今日はジムに
30分行ったから
5段階中の4だな

行動を変えるきっかけになります。**おすすめは記録をつけること**。事実をスコア化して見返せるようにします。スコアを記録するうちに変化に気づくでしょう。変化の実感は、続ける楽しみにもなります。また「続けたことを無駄にしたくない」という気持ちも湧いてきます。そうして行動が継続されることで新たな習慣行動が定着するのです。

注意したいのは、途中で失敗しても「自分はダメだ…」と思い込まないことです。失敗しても自分への共感や思いやりを持つこと（**セルフコンパッション**）が行動を継続するコツになります。ありのままの自分を受け入れ、自分の感情を外化してみるのも有効です。

COLUMN

幸福感を点数で測ることができる？

心理学は時代を追うごとに発展してきました。とくに2000年代からは、流れが大きく変わりました。その象徴が「ポジティブ心理学」の登場です。

従来の心理学はトラウマなどの苦しみを和らげることが重視されていました。一方ポジティブ心理学は、精神的・身体的・社会的に満たされた状態（ウェルビーイング）を目指します。

ポジティブ心理学の創設者であるアメリカの心理学者マーティン・セリグマンによれば、ウェルビーイングにはPERMAという5つの要素があると言います。

P（Positive Emotion）：ポジティブ感情。楽観性や希望の感情。
E（Engagement）：エンゲージメント。仲間や組織との一体感。
R（Relationships）：関係性。人間関係の良好さ。
M（Meaning）：意義。人生や生活全体の意味づけ。
A（Achievement）：達成感。仕事や関心事の目標の達成。

これらの要素に各5点満点として点数をつけてみると、ウェルビーイングの度合いを数値化できます。

PERMA以外にもウェルビーイングを測る指標があります。また、国連が行う「世界幸福度ランキング」などをはじめ、個人だけでなく国民のウェルビーイングを測るものもあります。

CHAPTER

3

PSYCHOLOGY

文化とコミュニケーションの心理学

話し方や言葉づかい、しぐさや声のトーンの選択ひとつで
相手に伝わる印象が変わります。
CHAPTER 3では他者との交流に関係する
心理学を解説します。

CASE

「見た目」だけ気をつければ印象はよくなる?

しばしば、人間は見た目で相手を判断すると言われます。
しかし実際の判断材料は見た目だけに限りません。

メラビアンの実験結果

Visual・Vocal・Verbal

55・38・7

3つの異なる情報が伝えられたとき、それぞれが与える影響の割合を示しています。

面接や挨拶などの初対面のシチュエーションに臨むときに身だしなみに気をつける人は多いと思います。「まず見た目で判断されるから」というのが理由でしょう。

しかし人間は、見た目という視覚から得られる情報以外にも、**さまざまな感覚を用いて情報を受け取り、状況に応じた判断をします**。

これに関連した心理学の実験に「**メラビアンの実験**」があります。相手を判断する際に、見た目（視覚情報）、声のトーン（聴覚情報）、話す内容（言語情報）の3つからどれくらい影響を受けているのか調べました。結果、人間は視覚に頼る部分が大きいとわかりました。

ADVICE

しぐさと言葉との一貫性が印象に影響を与える大事な要素

「人は見た目が大事」は一面的な切り取り

「**メラビアンの実験**」は世の中に広く知られています。ただし誤った解釈をされることも多く、よくあるのが「人は見た目がとにかく大事だ」というものです。実際のメラビアンの実験が示すのは「相手の感情を判断する際に視覚情報が与える影響が大きい」ということ。「言葉より容姿が重要」

メラビアンの実験

アルバート・メラビアンは、表情と声色と言語が矛盾した感情の情報を表したとき、どの情報が優先されるかという実験を行いました。

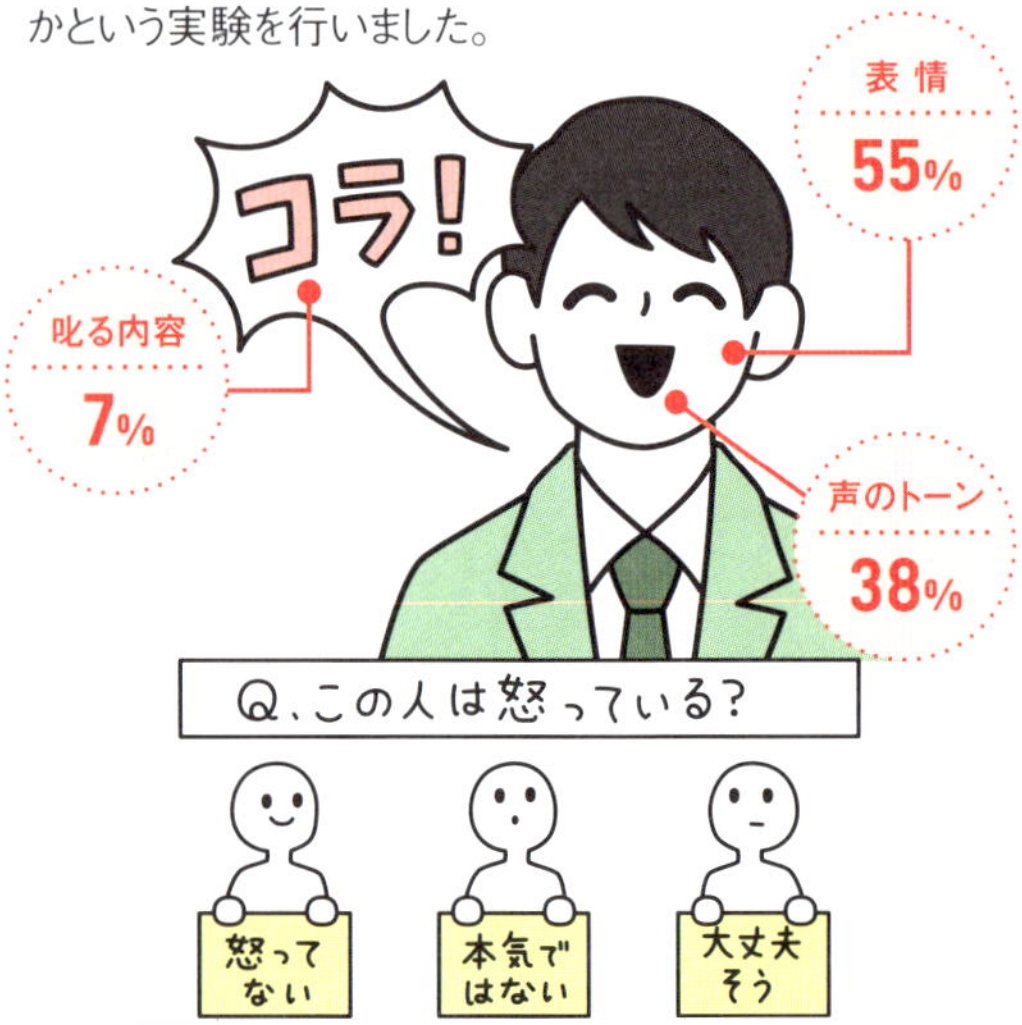

コラ!
表情
55%
叱る内容
7%
声のトーン
38%
Q、この人は怒っている?
怒ってない
本気ではない
大丈夫そう

実験結果 他者の感情を判断するときは言葉よりも動きや表情が与える影響が大きい。

最後の情報が持つ重み

会話などで最後に伝える情報が、判断や印象に影響を与えることを「親近効果」と言います。最後の発言がそれまで話していた内容と矛盾していると説得力を欠き、印象を悪くさせます。

COLUMN

初頭効果と親近効果

最初に受けた印象がその後の印象を左右することを「初頭効果」と言います。「親近効果」の逆であるように見えますが、要は印象づけるためには最初も最後も大事ということです。第一印象がよくなければ話を聞いてくれませんし、去り際の印象が悪ければ後々まで尾を引きます。

「ジェスチャースキルさえ磨けば物事が伝わる」というのは拡大解釈で、科学的な法則ではありません。

他に印象に関連する心理学用語に「**初頭効果**」というものがあります。たとえば「あの人は温厚だよ」などと事前に情報を与えられてからその人に会うと、事前情報が相手への印象に影響を及ぼすのです。このことから、初めによい印象を与えることは大切だとわかります。しかし一方では、最後に伝わる情報も印象には大きく影響します（**親近効果**）。

しぐさや話す内容に一貫性があることがコミュニケーションでは大事です。それぞれが矛盾しては、相手にちぐはぐな印象を与えます。

CASE

コミュニティ内の誘いを断りにくいのはどうして?

職場や地域の集まりなどのコミュニティで出た提案や意見に反対しづらいのには心理学的な理由があります。

本当にみんなそう思ってる？

「きっとみんなは…」と想像して飲み会に参加したり、意見に賛成したりすることはないでしょうか。他の人の考えや感情を聞いたわけでもないのに、なんとなく「みんなこうだろうな」と想像してしまう。これには「多元的無知」と呼ばれる心理が絡んでいます。

ADVICE

「断れなくなる心理」が働くため他者の意見に賛同しがちに

本当にみんなが望む行動を選べるようにする

「他の人たちは賛成しているだろうし反対すると気まずいから自分も賛成しておこう」と考えて、本心とは違う意見のほうに手を挙げた経験はないでしょうか。実はそのとき、他の人も同じ理由で、賛成していないのに手を挙げていた可能性があります。これを「**多元的無知**」と言います。

多元的無知

多元的無知とは、集団の中での意見・行動・ルールなどを、「周囲のみんなが望んでいる」と考えて自分自身を抑制しながら、それを受け入れる人が多くいる状態です。心理的安全性の低い組織で起こりがちです。

Aに賛成です
本当はBがいいけど…
Aは嫌だけど…
みんながそう言うなら…

※心理的安全性とは

集団内で自分の意見や感情を誰に対してでも表現できる度合いのこと（P 130 参照）。

日本人に多い相互協調的自己観

他者との関係性から自分の行動や評価を決めるという同調的な傾向を指します。

Q 真ん中にいる人は幸せだと思いますか?

相互
協調的
自己観
相互
独立的
自己観
周囲がしかめ面だし、
幸せではなさそう
周囲はどうあれ本人は笑顔。
この人自身は幸せだと思うよ
日本人
欧米人

日本人や韓国人は**相互協調的自己観**が強い傾向にあるため、左のように判断しがちです。一方で欧米人は逆の**相互独立的自己観**が強い傾向にあります。

日本人は他者との関係を気にしやすい「**相互協調的自己観**」が強い傾向にあります。そのため、自分の意見を伏せてしまい、反対意見が出にくくなります。

多元的無知や相互協調的自己観は、同調圧力につながることもあるでしょう。少数派を多数派に合わせようとするプレッシャーがかかれば、なおのことその人の意見や感情を集団内で表現しにくくなります。

このような課題を解消するためには、オープンなコミュニケーションがとれるように「心理的安全性」を高めることも有効でしょう。組織の心理的安全性を高める施策は第5章のP128〜133で解説します。

CASE

難しい頼みごとをするときの心理テクニックは?

他者へのお願いごとや営業などの場面で
こちらの要望を通すための心理テクニックを2つ紹介します。

A
プレゼンテーションの資料用の
画像だけでいいから、
まずは集めておいてほしいのだけど、
お願いしていいかな?
(うまくいったら資料作成を全部頼めるぞ)

B
プレゼンテーションと
会議室の予約とメンバーの
セッティングとスケジュール調整と
資料の作成をしてもらっていいかな?
難しければ資料作成だけでも…

AとB どちらが有効?

イラストのＡとＢはいずれも、資料の作成を頼みたいと思っています。ただ、Ａは1つのことだけを、Ｂはたくさんのことを頼みました。それぞれ別の心理テクニックを使っているのですが、どのようなものでしょうか。

ADVICE

フット・イン・ザ・ドアとドア・イン・ザ・フェイスを使い分ける

2つのテクニックを身につけ時と場合で使い分ける

小さな要請を相手にのませてから徐々に要請の内容を大きくしていく「**フット・イン・ザ・ドア**」と、大きな要請を一度断らせてから本来通したい要請をのませる「**ドア・イン・ザ・フェイス**」。この2つは手順が逆のテクニックです。それぞれ効果はあるにせよ、どのように使い分ければいいのか迷い

A フット・イン・ザ・ドア

1つの要請を受け入れてしまうとその次の要請を断りにくくなるという心理があります。これを利用したのが上記の営業手法です。アンケート協力などの小さな頼みごとから、次はセミナー参加、次は商品購入…と徐々に大きな要請をしていきます。

B ドア・イン・ザ・フェイス

頼みごとを断ると人間は心理的な負い目を感じます。そこでまず断られることを前提に大きな要請をし、断られたら最初より小さな要請をして受け入れさせるテクニックです。

フット・イン・ザ・ドアとドア・イン・ザ・フェイスは相手との関係性や要請する内容の大きさによって使い分けましょう。

ます。そこでもう少し特徴を知っておきましょう。

　フット・イン・ザ・ドアは小さな要請からはじめるため、不要な警戒心を抱かれにくい特徴があり、どんな相手にも使えます。ただし、本来通したい要請にたどり着くまで時間がかかります。また、最初の小さな要請が断られる可能性がないとも言えません。

　ドア・イン・ザ・フェイスは大きな要請を相手に一度断ってもらうことがポイントです。断ることで相手の中に「負い目」が生まれ、それによってその後の小さな要請が通りやすくなるのです。ただし、相手との間にある程度の関係性がなければ、大きな要請にたどり着くことが難しくなります。

CASE

自分を過大評価してしまうのはどうして?

能力の低い人が過剰な自信を持ち、井の中の蛙になっていることがあります。その弊害と原因を知りましょう。

ダニング・クルーガー効果の影響

自分を過大評価

多少の知識や経験があるため周囲からは「能力のある人」のように見えます。そこで本人は誤った自己評価をしてしまいます。

ダニング・クルーガー効果の影響

他者を正当に評価できない（社会的比較理論）

ごく身近な他者と比べて自己評価をしているため、他者への評価も誤りがちです。そこで他者を低く見たりすることもあるでしょう。

ダニング・クルーガー効果の影響

他責思考に陥る（平均以上効果）

本人は平均よりできると思っているため、低い評価を受けるとその評価を疑ったり、責任を他者に押しつけたりしやすくなります。

能力の低い人や経験の浅い人が適正な自己評価ができず自分のことを過大評価するという心理の傾向を示したものが「**ダニング・クルーガー効果**」です。

端的に言えば「できない人ほど、できると勘違いしている」ということ。結局は「できていない」ため、仕事の場ではミスやクレームにもつながります。しかも本人は「自分は平均以上」と勘違いをしているため「他の人は自分より能力が劣る」「自分のことを評価しない人のほうがダメなんだ」などと思い込み、ミスやクレームの原因を指摘しても聞く耳を持たないことも。その弊害は小さくありません。

ADVICE

正しく自己評価ができなくなっている ダニング・クルーガー効果

自分の能力を適正に把握し 本物の自信を身につける

「ダニング・クルーガー効果」はアメリカの心理学者デヴィッド・ダニングとジャスティン・クルーガーによって提唱された「能力の低い人は自分のことを過大評価し、能力の高い人は過小評価している」という心理現象です。過大評価とは、中身の伴わない張りぼての自信を持っている状態です。

ダニング・クルーガー効果の曲線

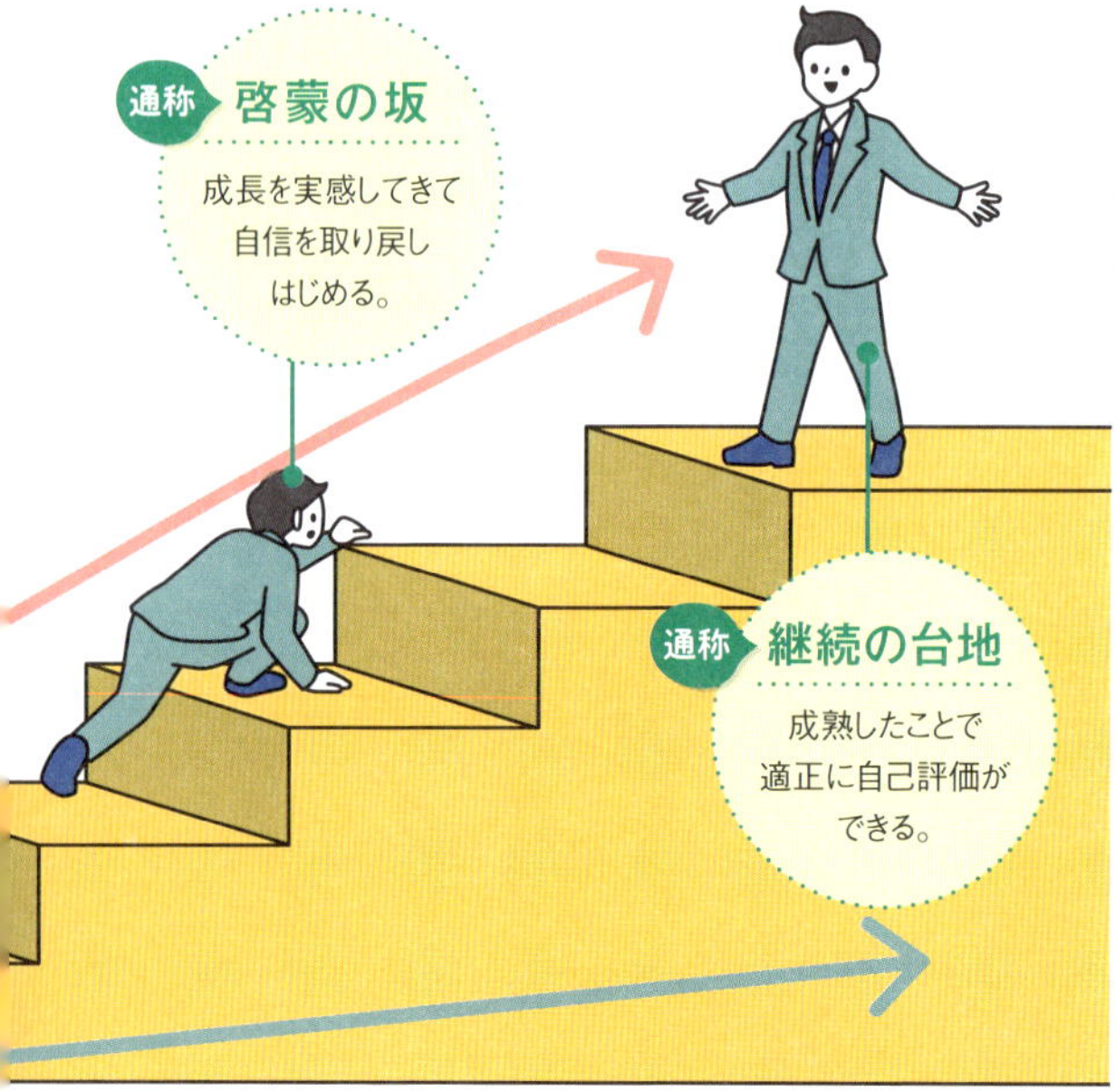

通称 啓蒙の坂
成長を実感してきて自信を取り戻しはじめる。
通称 継続の台地
成熟したことで適正に自己評価ができる。

「知恵」とは単に知識や経験のことだけではない。判断力を持ち、現実に即して物事を全体的に理解する能力を指す。

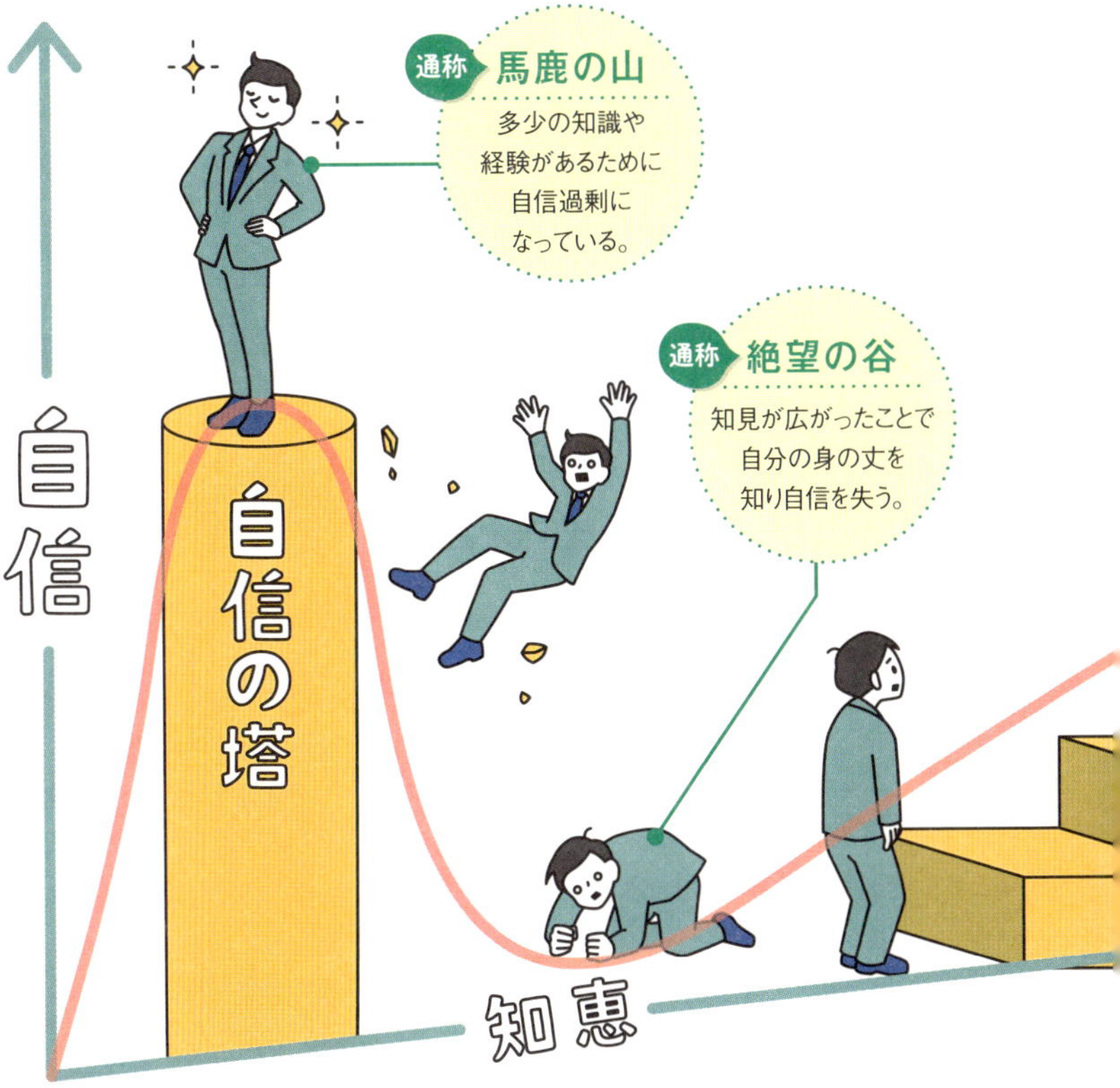
自信
通称
馬鹿の山
多少の知識や
経験があるために
自信過剰に
なっている。
通称
絶望の谷
知見が広がったことで
自分の身の丈を
知り自信を失う。
自信の塔
知恵

とくにダニング・クルーガー効果は、排他的な狭いコミュニティにいる人に見られます。社会的比較理論とも言いますが、比較対象となる人が少なく、他の知見が入りにくいコミュニティにいると、視野が小さくなりがちです。そしてその中で他者からの賞賛を根拠に自信を抱くため、自分の本来の能力を顧みることも少なくなります。

　しかしもう少し学びを得て、客観的に自分を見ればどうでしょう。能力不足に気づき、あっけなく自信は崩れます。そしてそこからが本当のはじまり。成長を続け、知恵を高めると、適正な自己評価ができるようにもなります。すると強みに裏打ちされた本物の自信が身につくのです。

CASE

部下が「辞めたい」と言ってきたときの対応

「なんとなく働きがいを見出せなくて仕事を辞めたい」と言う部下を引き止める方法を考えてみましょう。

辞める理由より続ける理由を！

「選択的注意」とは、複数の情報のうち特定のものを選択して注意を向けること。たとえば「会社を辞めたい」理由はいろいろ考えられます。そこで「なぜ辞めたい？」と聞くと、相手は辞めたい理由に注意が向き、むしろ辞意が深まりかねません。逆に「続ける理由」に注意を向けさせるように対応しましょう。

Q どう対応する?

× どうして辞めたいのか理由をじっくり聞く

△ 「誰だって辞めたいときくらいあるさ」と飲みに連れ出す

○ 別の業務を担当させて自分を見直させる期間をつくる

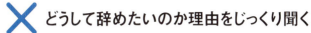

ADVICE

動機づけ要因に訴えかける対処が必要

2つの欲求要因を理解して続ける理由に気づかせる

アメリカの心理学者フレデリック・ハーズバーグは、働くにあたっての欲求は2つあるという「**二要因理論**」を提唱しました。働きがいを生む「**動機づけ要因**」と働きやすさを生む「**衛生要因**」です。仕事の達成感や評価などは動機づけ要因で、給与や職場環境は衛生要因になります。

二要因理論

動機づけ要因

働きがいを生み出すもの。仕事の満足度につながる。仕事での達成感や、承認・評価、権限・責任、成長の実感などが含まれる。

衛生要因

働きやすさを生み出すもの。整えられていないと不満につながる。経営理念・経営方針、給与、福利厚生、職場環境・制度などが含まれる。

動機づけ要因を満たす

マズローの欲求階層説

人間の欲求を段階別に分け、下位の欲求が満たされると上位の欲求へと上がっていくとする説。

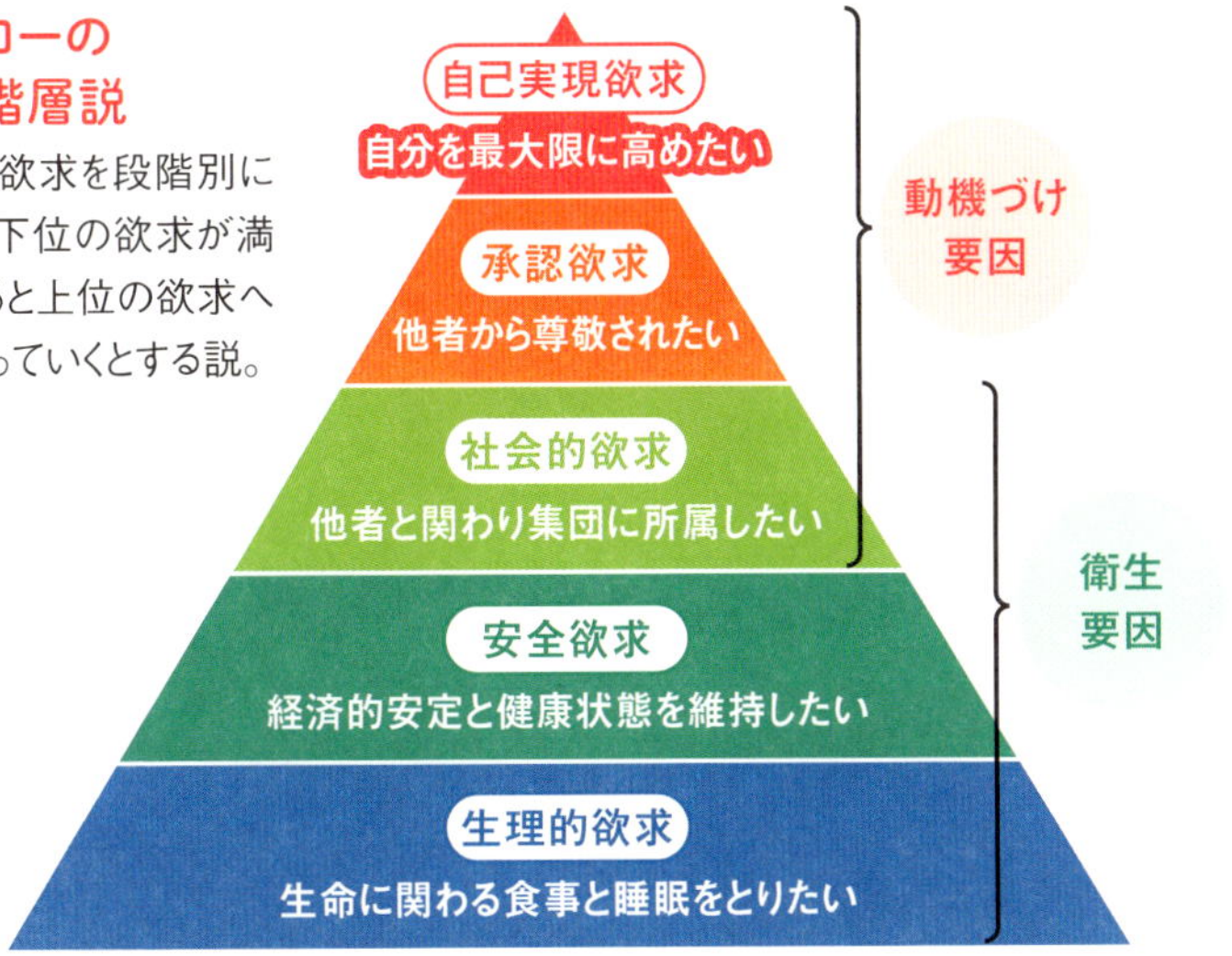

仕事へのやりがい（動機づけ要因）を理由に仕事を辞めたい人に対して、給与や福利厚生（衛生要因）を充実してあげても、やりがいを満たすことはできません。別の業務を担当させるなどして**自分の価値や可能性に気づかせ、動機づけ要因に訴えかけましょう。**

辞めたい理由は人によってさまざまです。二要因理論を「**マズローの欲求階層説**」に重ねると、動機づけ要因は上位、衛生要因は下位の欲求にあたります。たとえば会社から評価を受けて承認欲求を満たしたい人に対し、福利厚生を充実させ安全欲求を満たしてもそれほど意味がありません。「働きやすいけれど働きがいがない」状態は変わりません。

そこで、動機づけ要因が根拠となって退職を希望する人には、新規事業など別の仕事に関わってもらい、それまでの業務のよい面や自分の可能性に目を向けさせます。成長の実感をしてもらうことで動機づけ要因に訴えかけ、続ける理由に気づかせるのです。

CASE

伸び悩んでいる状態から抜け出したい

実力はあるはずなのになぜだか結果が出ない、
成長していないように感じたときはどうすればいいでしょう。

キャリアを積み重ねていくと、あるとき、それまでよりも成長スピードが鈍ったと感じることがあるかもしれません。努力を続けても結果は出ず、足踏みをしている感覚。それどころか努力するほどに能力が落ちている気分にすら陥ることも。「もしかしたら**スランプ**かも…」と思う人もいるでしょう。

心理学では、この状態は伸び悩んではいても、克服すれば**次なる成長のための足掛かり**になると考えられています。成長していけば試練が降りかかることはあります。これをうまく突破することでレジリエンスの能力やGRIT（P52・53参照）も高まります。

ADVICE

スランプは次なる成長の足掛かりになる！

学習や練習を積み重ねれば必ず壁に突き当たる

成長スピードが鈍化しスランプを実感することがあります。しかし、落ち込む必要はありません。スランプは**「プラトー現象」**という成長するための足掛かりです。こうした伸び悩みは、学習や練習を積み重ねた結果として必ず起こる、**成長の途上にある全体的な〝構造変化〟**です。

原因はスキーマ

たとえば数学が不得意な原因もスキーマが関わっている可能性があります。

公式を当てはめる問題が解けるということは、その暗記型のスキーマが身についているということでもある。

しかし「公式に当てはめる」という暗記型のスキーマだけだと、微分・積分など、応用しても解けない問題が出てくる。

そこで公式だけでなくその「概念」を学ぶことで、新たな概念型のスキーマを身につけ、問題を解けるようにする。

スランプ脱出のアプローチ

基礎技能をチェックする
基本的な技能についてチェックして、身につける。
ひな型トレーニング
基本的な型にそって、くり返しトレーニングを行う。
理論を学ぶ
理論書を読むなどして概念や方法論を学び、スキーマをより深める。
自我関与を高める
何のためかという目的の意味づけをし直して、自我関与（やる気）を高める。

出典：『スランプ克服の法則』（岡本浩一、PHP 研究所）

心理学者の岡本浩一は、このような表面上は成長が止まっているように見える時期が、実はより高い成長のために不可欠な調整や再構成のタイミングであることに注目しました。どんな分野でも能力を高めて成長していくと、一定のスキーマを獲得することになります。しかし、いずれそのスキーマでは応用が効かなくなり、対応できない課題に直面します。そこで岡本は、**スランプを克服するための方法論**として4つを挙げました。

基礎技能のチェック、ひな型トレーニング、理論書を読むこと。これらはスキーマのズレを解消します。また、本来の目的に立ち戻り、自我関与（やる気）を高めることも大切です。

COLUMN

目の動きは心の動きとは関係がない？

「嘘をつく人は右上を見る」という原理は、セラピストやカウンセラーが使用するテクニックのひとつです。しかし、科学的に実証された原理ではありません。

脳科学では、左脳は言語や思考をつかさどり、体の右半分に影響するとされています。このことから、「右上を見る」動作は左脳が働き、左脳を使って言語的に嘘をつくと仮定することができます。たしかに一理あります。

逆に左上を見るのは右脳が働いているということ。右脳はイメージや直感などを扱うため、過去の体験のイメージを直感的に想起することから「真実を話す人は左上を見る」と仮定できるわけです。

本書の監修者の匠英一は、これを最新の視線センサー機を利用して反証実験しました。100 人の被験者に質問をして真偽を確かめたのです。結果、嘘をつくときは右上と左下がほぼ同得点、また記憶を想起する（真実を語る）ときは右上がやや低く、左下・左上とほぼ横並びでした。

つまり、嘘と本当を言う人の両方に「左下」が最も影響を与えていたことになります。そして、それは他のケースにも同じ傾向でした。「嘘をつく人は右上を見る」という原理を右脳と左脳の関係で説明できない結果だったと言えます。

CHAPTER

4

PSYCHOLOGY

仕事で成果を上げるための心理学

仕事で成果を上げるための目標設定や、企画提案、
営業方法、課題改善にも心理学の手法が役立ちます。
CHAPTER 4では仕事で成果を上げる
心理学の具体例を紹介します。

CASE

自分が成長できる目標を設定したい

成長には目標設定が大事だとよく言います。
では、どのような目標を立てると成長しやすいのでしょうか。

目標設定をするにあたって、まずは「目標」と「目的」の違いを明確にしておきましょう。

目的とは「なぜそれを目指すか」という問いへの答えです。たとえば資格試験を受ける人は「資格を取りたいから」と答えるかもしれません。しかし、さらに掘り下げると「資格を利用して会社に貢献したい」「社会をよくしたい」などの本質的な思いが現れるはずです。このように根本にある**価値観や理念に紐づくものが目的**となります。

一方の**目標は目的の下位にある概念**です。次ページで解説する3種類の目標を設定することで、成長に結びつけられます。

ADVICE

目標は「成果」「方向」「プロセス」の3つを立てよう

成功＝成果目標×方向目標×プロセス目標

挑戦には、それがどういう結果になるかという**「結果期待」**と、そのために自分がどのくらい行動できるかという**「効力期待」**が重要です。「こうなるだろう、自分ならできるだろう」と思うからがんばることができます。そこで効力期待を持つためには行動の目安となる目標が大事です。

手段≠目的

目的と手段は区別しましょう。目的とは価値観や理念に紐づく本質的な思いですが、それを追い続ける過程で、追うための手段が目的にすり替わってしまうことがあります。

目的があって走っていたはずなのに、走ることそのものが目的になってしまった…
目指せ！社長

3種類の目標

成果目標

社長になる

やりたいことや、ありたい姿など最終的に実現したい物事。

方向目標

会社全体で事業を成功させる

その成果をなぜ目指すか。進むべき進路を示すものとなる。

プロセス目標

着実に昇進を重ねる

成果に到達するまでの過程で、行動していくための目安となるマイルストーン。

ここが
課長クラス
目的
社長になって社会をよりよくしたい

目標は3つに区別して設定します。**成果目標**（何を）、**方向目標**（なぜ目指すか）、**プロセス目標**（どのように）です。これらが組み合わさると、目指すべき先も、そこに向かう道のりもはっきりします。たとえば「理念経営」の言う「理念」は、方向目標に重なる概念です。理念が顧客第一主義の会社と利益第一主義の会社とでは、目指すものもやり方もまったく異なることは想像しやすいでしょう。

もしも目的が達成できそうにないと思ったなら、これら3つの目標をそれぞれ〝見える化〟しましょう。すると、どこでつまずいているか気づきやすくなり、よくある「**手段の目的化**」も避けられます。

CASE

仕事へのモチベーションを高めたい

一生懸命に鼓舞してもモチベーションが高まらないこともあります。モチベーションへの理解を深めましょう。

モチベーションの要因
衛生要因
会社の福利厚生や給料、人間関係など、働きやすさを生み出すもの。
モチベーションの要因
動機づけ要因
承認や達成感、役職や成長の実感など、働きがいを生み出すもの。

モチベーション
モチベーションの要因
社会的要因
社会へ貢献している、社会の一部として役に立っているという実感。

モチベーションを支えるものは、大きく分けて3つあります。「**衛生要因**」「**動機づけ要因**」そして「**社会的要因**」です。

まず衛生要因と動機づけ要因はハーズバーグの「二要因理論」（P90参照）に言うものと同じです。これらはどちらかと言えば個人の感情や価値観に紐づきます。

一方、社会的要因は社会的な使命感や価値観に紐づきます。つまり社会的に意義ある価値へ貢献し、社会の役に立つことです。仕事においては、組織が目指す社会貢献が、その人自身のどんな価値観とつながっているのかをイメージさせることが重要になります。

ADVICE

遂行目標よりも習得目標を持てるようにしよう

モチベーション向上のための目標の考え方

アメリカの心理学者キャロル・ドゥエックは、目標観には2種類あるとして区別しました。1つ目が「**遂行目標**」。他者からの評価や、他者と比べて自分がどうであるかを基準とするものです。そして2つ目が「**習得目標**」。自らの成長を基準とし、比較対象は自分自身になります。

アンダーマイニング効果

内発的動機（興味・関心や意欲）により行動していたことが、金銭や物などの報酬（外発的動機）を与えられたことで内発的動機が減退してしまうことを指します。

ずっとゲームをやっていた子が、報酬を貰うことで内発的動機が減少して遊ばなくなる。

習得目標を掲げよう

習得目標を志向するタイプの人は失敗を「成長への一歩」と捉えます。

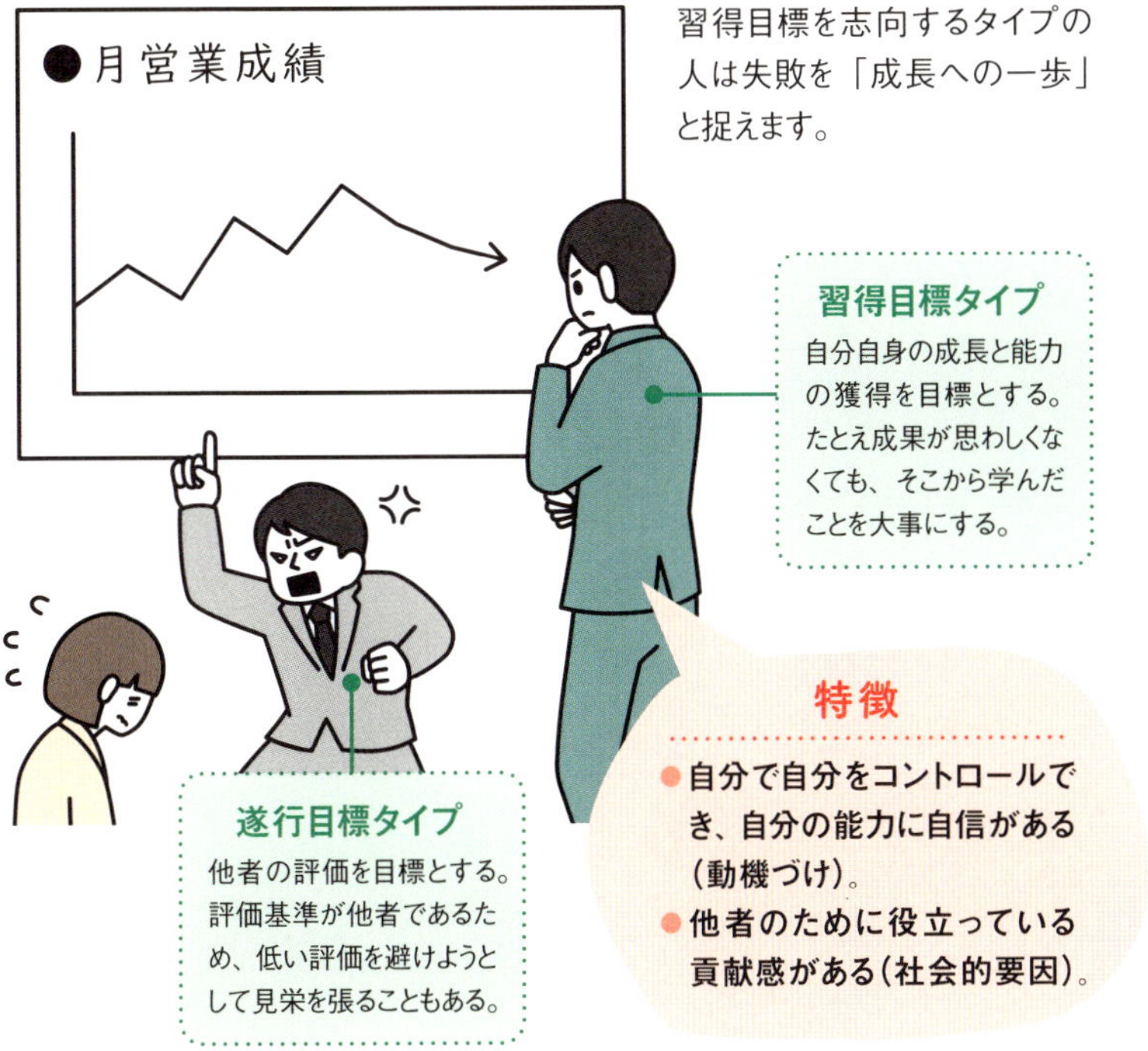
●月営業成績
習得目標タイプ
自分自身の成長と能力の獲得を目標とする。たとえ成果が思わしくなくても、そこから学んだことを大事にする。
遂行目標タイプ
他者の評価を目標とする。評価基準が他者であるため、低い評価を避けようとして見栄を張ることもある。
特徴
●自分で自分をコントロールでき、自分の能力に自信がある（動機づけ）。
●他者のために役立っている貢献感がある（社会的要因）。

遂行目標タイプは、目標を達成できなければ他者から評価されないと捉えます。そのため「失敗はみじめ」という考えに陥りがちになります。

「営業成績がトップだった人にはボーナスを出す」などと遂行目標と報酬を結びつけるケースもあります。ですがこれは「**アンダーマイニング効果**」により内発的動機を下げかねません。たとえば「お客様に貢献したい」と自発的に動いていた部下が報酬を受け取ることによって、かえって意欲を削がれてしまうのです。

結果こそ大事と考えるかもしれませんが、過程を大事にする習得目標タイプのほうが能力やモチベーションを高め、将来的な結果につながります。

CASE

自分の考えた企画を通したい

営業や社内稟議などで企画を出す際に、
採用される可能性を上げるテクニックを知りましょう。

3つのうちどれが企画を通す可能性が上がる?

入社1年目の社員が、半年後のイベント企画に向けて担当部長の賛同を得たいと思っています。構想中の企画はとても斬新なコンセプトですが、自社には合わなさそうです。今のままでは反対されることは必至。どうすれば企画を通せるでしょうか?

1 完璧なプレゼンテーションできちんと説明する

2 時間をかけて念入りに作った資料を提出する

3 たまに会ったときに小出しに企画の話をしておく

正解は…

ADVICE

企画内容を小出しにくり返し伝えると採用されやすい

企画を通すために早い段階から小出しにしておく

信頼を得られきれていない人が語る情報は、たとえ内容が正しくても最初は受け入れてもらいにくいものです。ところが時間が経つうちに、その情報の信頼性が上がることがあります。これは「**スリーパー効果**」と呼ばれています。スリーパー効果を利用することで企画は通りやすくなるでしょう。

スリーパー効果

スリーパー効果とは、信頼しきれない情報源から得た情報でも、時間が経つにつれて信頼性が高まる現象のことです。

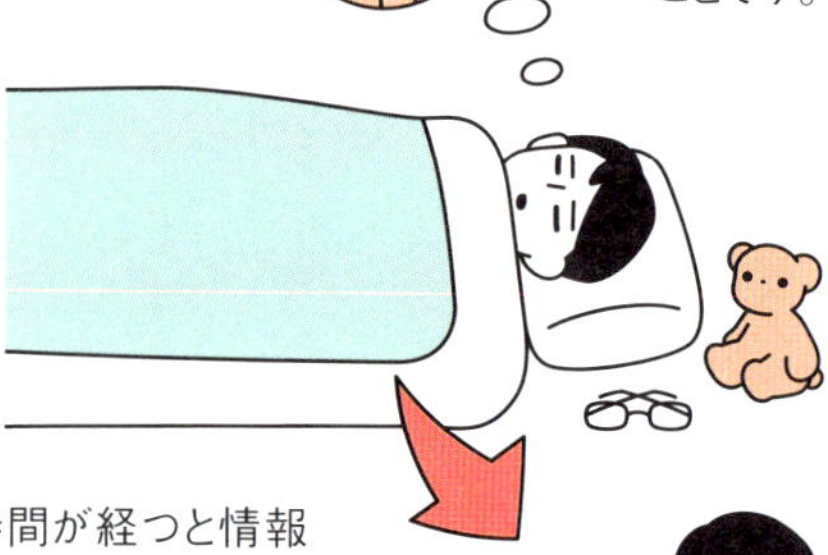

時間が経つと情報源のことが記憶から消え、情報だけが頭に残り、それを自分の考えだと信じてしまいます。

スリーパー効果を高める

キーワードを入れる
相手の記憶に印象づけるために、取っ掛かりとなる言葉を入れる。
部長
表現を変えて何度も伝える
同じことのくり返しでは飽きられるため、表現を変えて伝える。
プライドの高い人だと◎
「他者から説得された」という印象が薄まるので受け入れやすい。

106ページの答えは③となります。

ポイントは、まず相手に伝える際はキーワードを入れるようにすることです。シンプルで覚えやすく、思い出す手がかりとなるキーワードを毎回入れて、相手の記憶に印象づけます。また、その都度、表現を変えます。同じ言葉を同じようにくり返されては、相手に「またか…」とネガティブな印象を持たれてしまいます。

このスリーパー効果はプライドの高い相手にとくに効果を発揮します。プライドが高いと他者、まして新人の企画を普通は受け入れにくいもの。情報源と情報が切り離され「自分が考えた企画だ」と相手が思い込めば、しめたものです。

CASE

顧客の満足度を高める効果的な商品説明をしたい

商品やサービスは説明の仕方次第で購入につなげることができ、顧客満足度も同時に高められます。

顧客満足度を決める要素には、お客さんが抱く「期待」と、実際に使用してみた「実感」が関係しています。当初の期待を上回る商品やサービスを提供できれば満足、下回れば不満足になります。商品やサービスの魅力を伝えないと購入意欲は上がりませんが、期待値を高めすぎると、購入後の不満にもつながります。

そこで相手の期待値を最適化できるように説明することが重要です。これを「**期待マネジメント**」と言います。期待マネジメントではその商品やサービスのメリットだけでなく、あえてデメリットも伝えることがポイントです。

ADVICE

両面提示で顧客が「自己選択」するように設定する

両面提示

よい面
通信速度は速いし、デザインもオシャレですよ！
悪い面
でも残念ながら動画制作には向いていないんです…

両面提示とは、物事のよい面と悪い面の両方を示すことです。悪い面は隠したくなりますが、あえて開示することで相手の信頼度を高める効果があります。

デメリットも臆さず伝えて お互いのメリットに

期待マネジメントにおいては、**お客さんが当初に抱く期待値を下げることがポイント**です。そこで、その商品やサービスのメリットに加えて、デメリットも伝える「**両面提示**」が効果的です。デメリットを伝えることで、相手に「誠実だな」と信頼感を与え、納得感ある購入につなげられます。

両面提示の効果

効果1
心理的リアクタンスの減少
自由に選べるはずが「強要」を感じると抵抗感が生じる（心理的リアクタンス）。悪い面を知ると強要と感じにくい。

じゃあ
音楽制作はできますか？
デメリットも
言ってくれるなんて
誠実だなぁ…

効果2
信頼感の獲得
悪い面も伝えることで情報自体の信頼性が上がるほか、それを伝えた人（例では店員）への信頼感も上がる。

効果3
「自分で選んだ」納得感
あらかじめ伝えられた悪い面も織り込んだうえで「自己選択をした」と感じるため、購入に納得感が得られる。

では逆に、もしメリットしか伝えなかったらどうでしょう。意図せずとも「無理に買わせようとしているのでは…」という不信感を与えるかもしれません。物を買うときは、自分で自由に選んで決めたいもの。しかし、よいことだけしかアピールされないのでは「何かの都合で選択肢が狭められている」「自由に選択できていない」と相手は抵抗や反発を覚えます。これは「**心理的リアクタンス**」と呼ばれていますが、両面提示はこの抵抗感を減らす効果も見込めます。

両面提示は相手に選択をさせる余地を与えるものでもあるため、そもそも「選択を他者に委ねたい」相手には効果がないことには注意が必要です。

CASE

クレームを顧客獲得のチャンスに変える方法

ストレスが溜まりやすく消極的になりがちなクレーム対応も
相手の心理や対応策を知れば気も楽になるでしょう。

クレームのパターン

こちらのミスで顧客に迷惑をかけクレームが発生するケースは、見方を変えれば、顧客の心を掴むチャンスにもなります。一方、顧客がストレス発散のために怒鳴り散らすようなカスタマーハラスメントには厳しく対応しなければなりません。

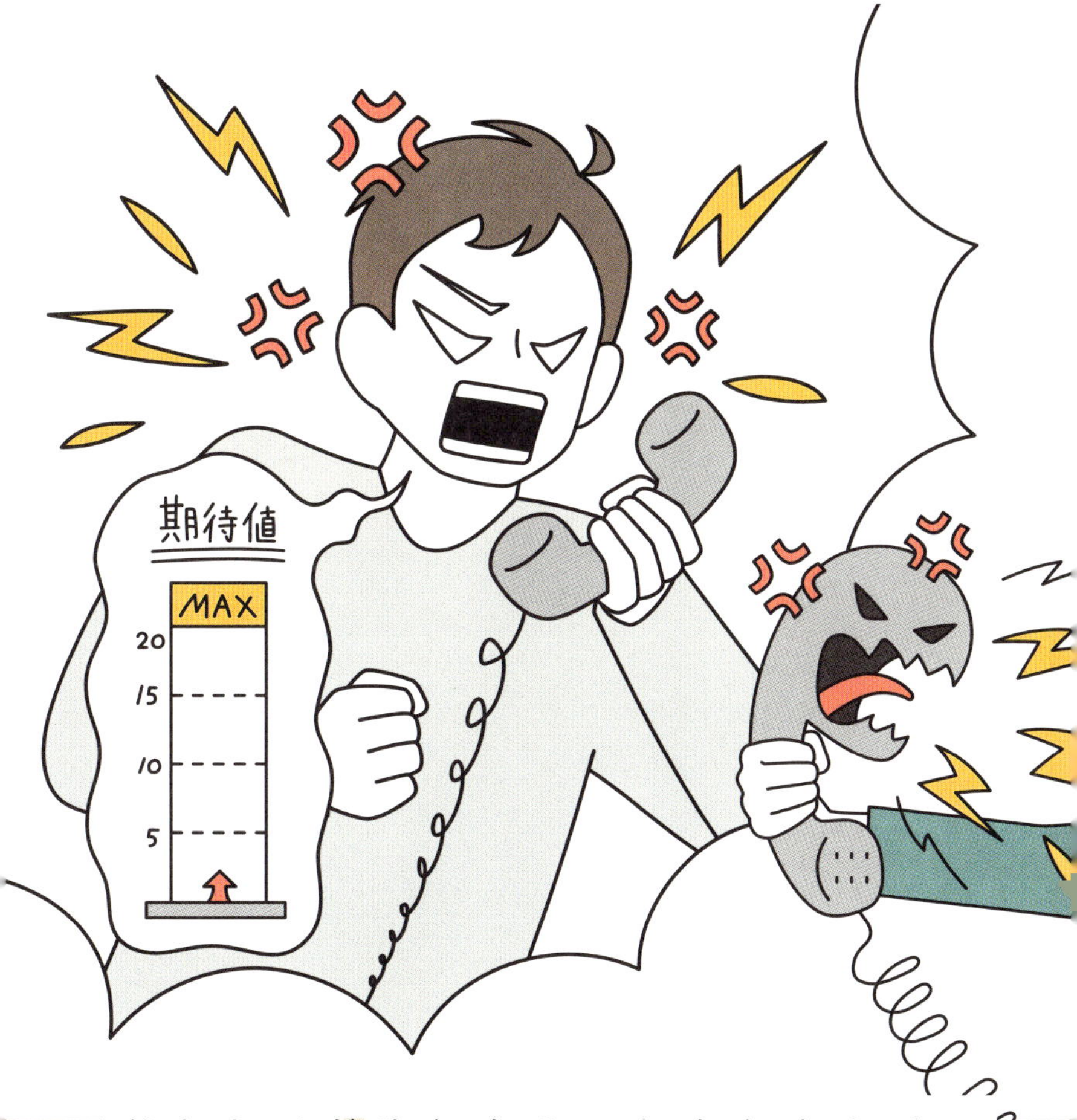

クレームの種類や原因はさまざまです。もしかしたらこちらの不備やミスから迷惑をかけたかもしれません。また、中には一方的な言いがかりとしか思えないような無理難題を押しつけるクレーマーもいることでしょう。

ただ相手にも言い分はあるはず。その心理状態を知っておくとクレーム対応も少し気が楽になります。知っておきたいのはクレームを言う時点での相手は、**こちらへの期待値が非常に低い**ということです。この不満のある状態をどうにか解消できれば、当初の期待値とのギャップから一気に印象が好転する可能性があります。

ADVICE

リカバリー・パラドックスで顧客の期待値を超えよう

リカバリー・パラドックス

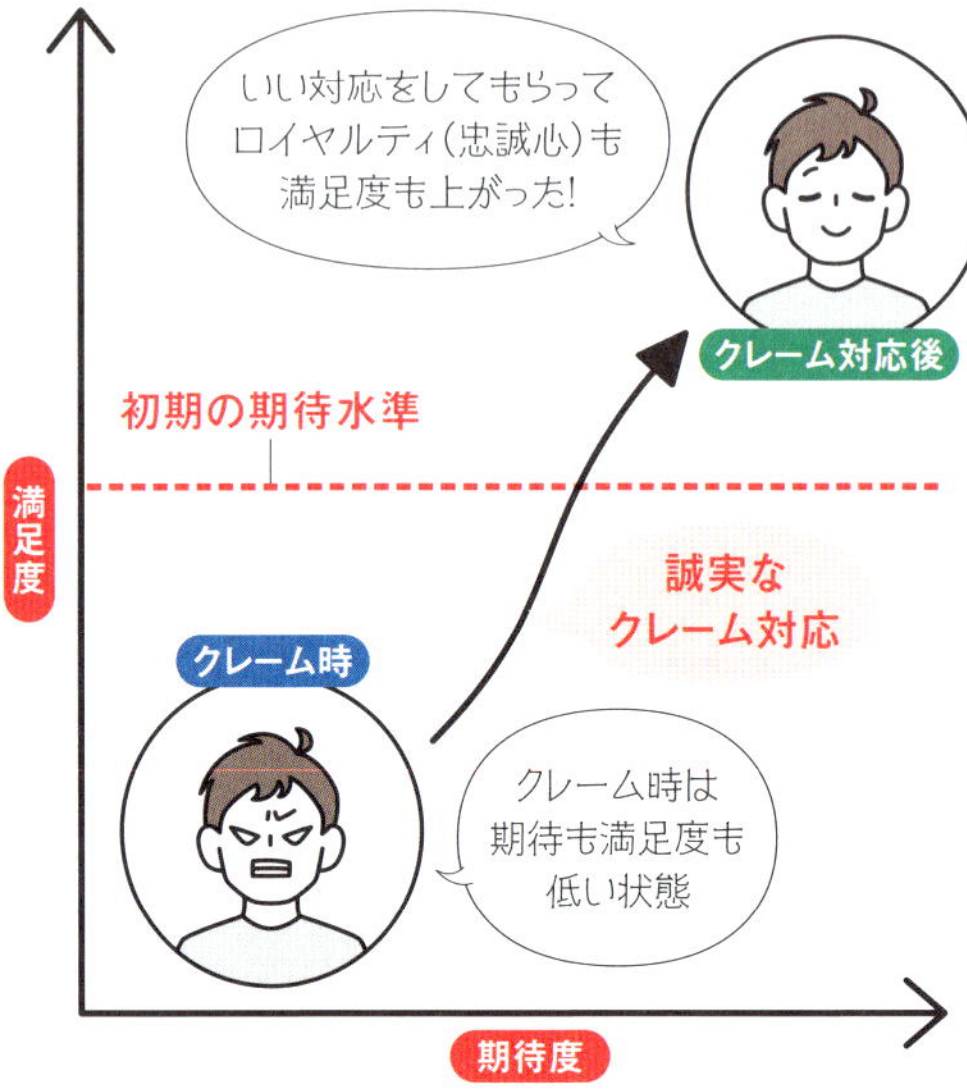

ミスをした後に適切な対応をすればかえって高い満足感を与えられる、というのがリカバリー・パラドックス。不満がない相手より、不満から満足に変わった相手のほうが顧客満足度は高くなります。

当初の期待値が低いほど クレーム対応が功を奏す

クレームとは、ある種の期待の裏返しです。期待したものが満たされなかったために「損をしたくない」「改善してほしい」と不満を抱くのです。このとき、期待値を超える対応ができれば、不満を抱かなかった人よりも顧客満足度を上げられるというのが**「リカバリー・パラドックス」**です。

リカバリーするクレーム対応

素早く対応する
まずは迅速に。
時間が経つほど
相手には不満が募り、
状況は悪くなる。
きちんと謝る
相手の話をよく聞き、
誠実に謝ることは基本。
不平や不満を持つ相手に
寄り添う姿勢を見せる。
補償する
代替となる改善案を
出すなど、
クレームの対象について
十分な補償をする。
大変申し訳
ございません
でした…

当初の期待値が下がっているため、その対応内容によっては大きなギャップを生み、印象は好転します。「向き合ってくれた」「話を聞いてくれた」などと感じてもらえると、クレーマーから熱心なリピーターへと変わっていきます。**クレーム対応はむしろファンをつくる**チャンスでもあります。

ただし注意したいのは、悪質な動機からクレームを言う人もいるということです。カスタマーハラスメントもこの類です。このような人は、ストレス解消が目的だったり、自己中心的な考えを押しつけたりしてくる場合もあります。あからさまに理不尽な要求には毅然とした態度で臨むことも必要でしょう。

CASE

同じ失敗をくり返さないようにしたい

わかっていたつもりでもなぜか同じミスが重なるとき。
その原因は自分自身の心理にあるのかもしれません。

失敗をくり返す理由 1

サンクコストの罠

それまで投資したコストに固執してしまい、合理的な判断ができなくなる心理。失敗を認められず、さらに大きな失敗につながることも。

失敗をくり返す理由 2

原因帰属の錯誤

ある結果に対してどんな原因があるかを考えること。失敗の原因を履き違えてしまうと改善できずに同じ失敗をくり返してしまう。

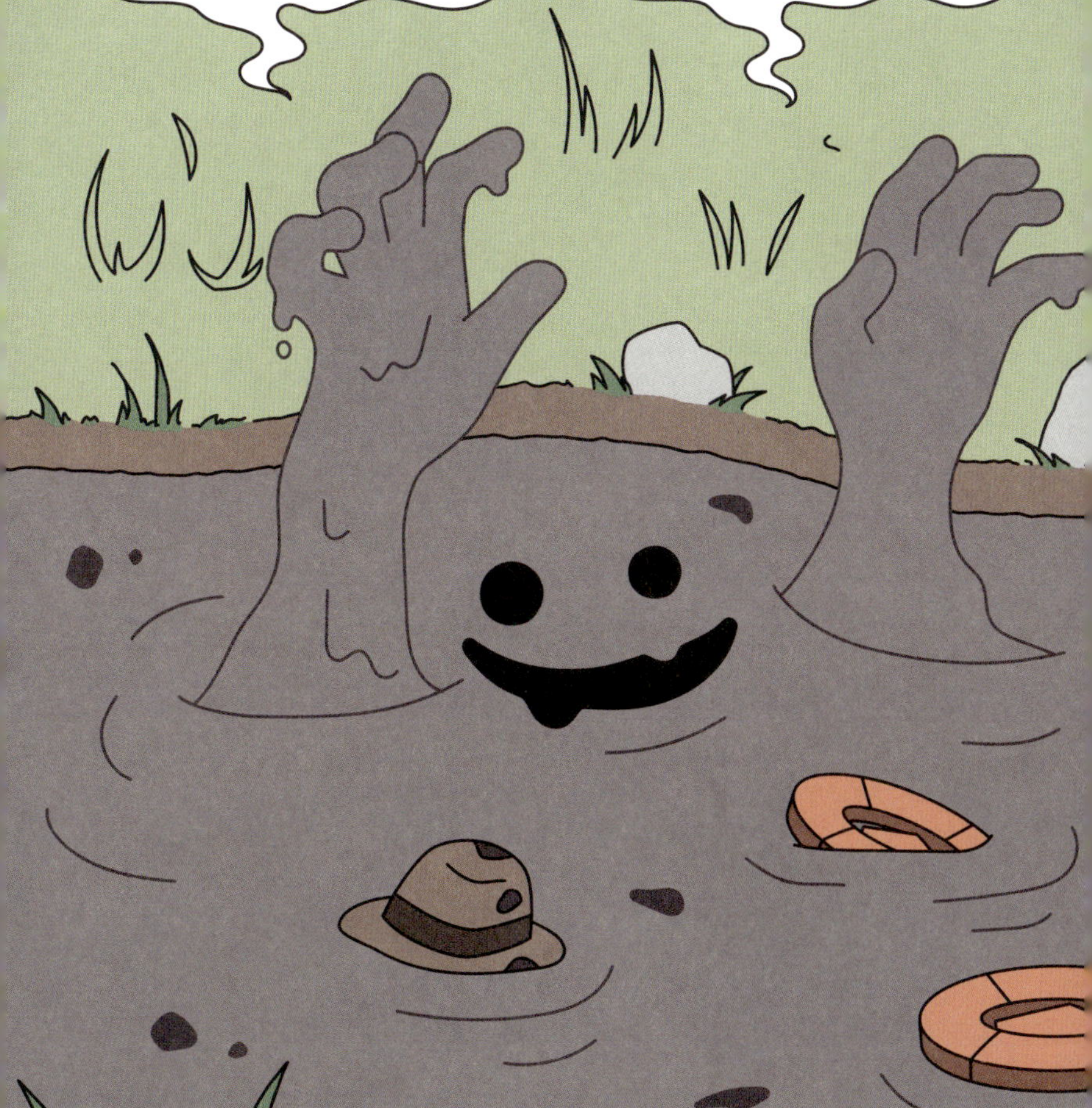

ADVICE

自分を俯瞰して失敗を振り返ろう

サンクコストの罠

サンクコスト
=
過去に投資をしたがこの先の回収が不可能なコスト

損失になるとわかっていても、投資したお金や時間、労力などのコストが無駄になることを惜しんで、投資を続けてしまうことがあります。「コンコルド効果」とも言い、失敗を責める文化があると陥りやすい傾向にあります。

そのときの自分自身や状況を振り返り教訓を引き出す

たとえ失敗しても「原因は何だったか?」と振り返ってみると、失敗のくり返しは防げます。とくに、成果を出している人ほどこまめに振り返っていると、アメリカの学者ドナルド・ショーンは調査結果により示しました。この振り返るということを「**省察思考**」などと呼びます。

原因帰属で省察する

原因帰属1

外的帰属

結果に対する原因を、他者や環境などの、自分以外のものに求めること。

原因帰属2

内的帰属

結果に対する原因を、自己の性格や能力など、自分の内側に求めること。

成長を促すには内的帰属を強め、原因を究明していかなければなりませんが、失敗の原因である自分に向き合わず、外部に原因を見出そうとすると原因帰属の錯誤が生じます。

振り返るにあたっては、自分のことを客観的に捉える「**メタ認知**」(※)が有効です。「あのときこう感じたのは、こういう要因があったからだ」とわかると「**サンクコストの罠**」や、「**原因帰属の錯誤**」に気づけるでしょう。

失敗した状況を、理論や知性で捉えられる知的なものと、そこにいる人の心の動きという情動的なものという、2つの視点から解きほぐすのもよいでしょう。自分を正当化したくなり、原因を正確に見極めづらくなることを避けるために「どうして失敗したのか?」を理屈と感情に分けて考えるのです。紙に書き出して外化(P48参照)をすれば、状況を分析しやすくもなるでしょう。

(※)メタ認知とは、自身を客観的に俯瞰して捉えること。自分の思考や行動をコントロールできるようになる。

COLUMN

ニワトリに4本足を描いてしまう人の心理

「ニワトリを描いてください」と言うと、100人に1人くらいが4本足のニワトリを描きます。子どもではなく、大学生がです。ある医学生は他者と比べるまで、おかしさに気づきませんでした。

この原因は「代表性ヒューリスティックス」によるものだと考えられます。代表性ヒューリスティックスとは、物事を認識する際に判断の元にする典型的なイメージのことです。たとえば「魚」と聞いてイメージするのはマグロやアジが代表的で、マンボウやエイではないということです。

4本足のニワトリを描いた学生はニワトリが2本足だと知らないわけがありません。しかし「認識」は正しくとも、描くという「行為」をしたときに、表現に歪みが生じたのです。ニワトリを描く場合、多くは頭から首、胴体、そして足という順に描きます。すると胴を長く描きがちで、不安定になります。このとき「バランスが悪いからなんとなく足は4本必要だな」「そういえば犬や猫も4本足だ」という代表性ヒューリスティックスが無意識に働き、4本足にしてしまうのです。つまり、記憶がそのまま外に出たのではなく、表現する行為の中で新たに4本足のニワトリがつくり出された、と言えます。

常識と思える物事でも過信しないことが大事です。その背後には代表性ヒューリスティックスがあるかもしれません。

CHAPTER

5

PSYCHOLOGY

集団の力を強くする組織の心理学

会議の発言を活発にしたい、社内の風通しをよくしたい。
そういった社内改革には
「心理的安全性」が関わっています。
社内の人間関係を改善する心理学を学びましょう。

CASE

イキイキ働ける チームにしたい！

メンバーが自ら行動し、イキイキ働ける職場環境にするにはどのような条件が必要か知っておきましょう。

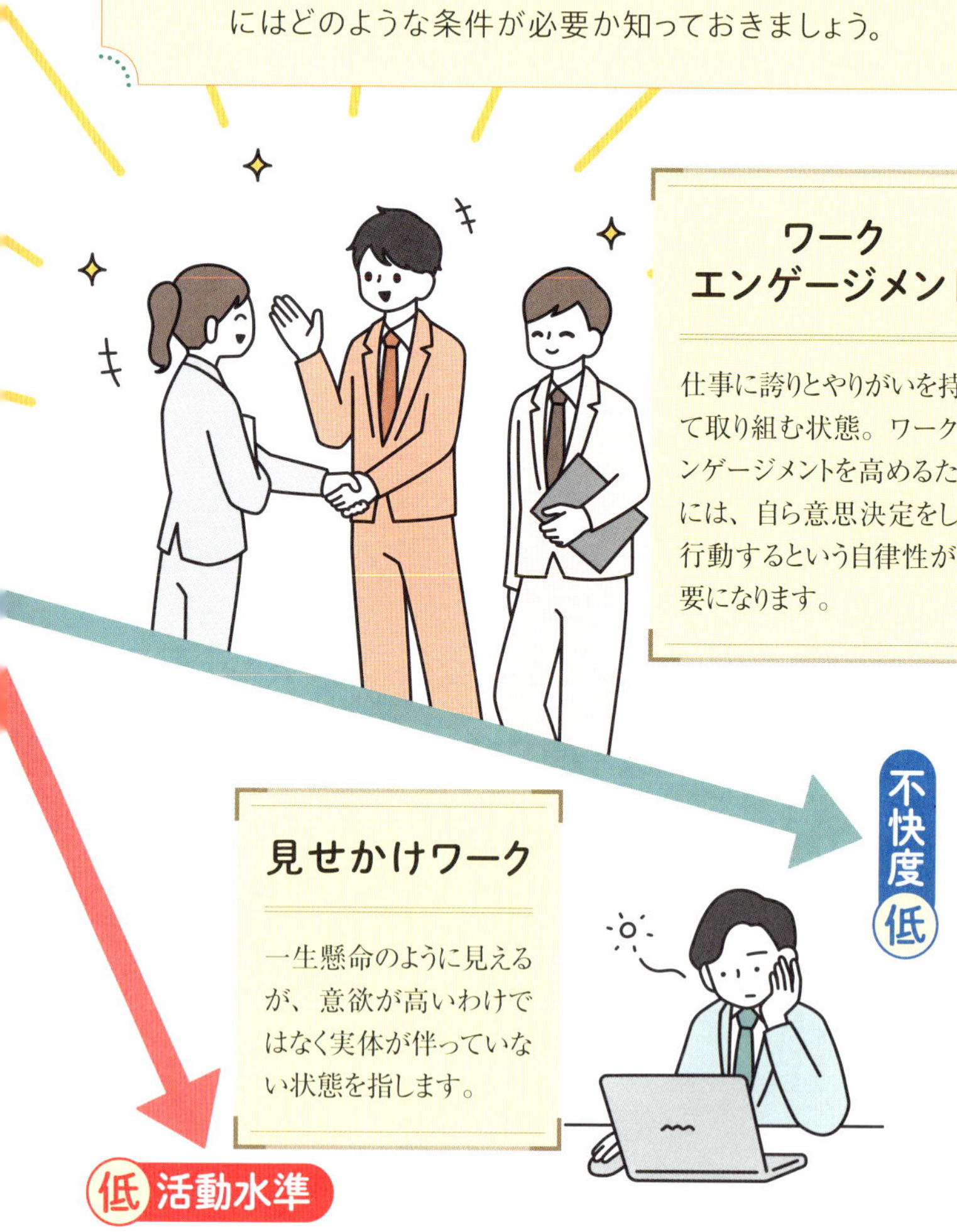

ワーク エンゲージメント

仕事に誇りとやりがいを持って取り組む状態。ワークエンゲージメントを高めるためには、自ら意思決定をして行動するという自律性が必要になります。

見せかけワーク

一生懸命のように見えるが、意欲が高いわけではなく実体が伴っていない状態を指します。

ワーカホリズム

仕事に一生懸命になりすぎて「働かなければいけない」と強迫的に働いている状態。

バーンアウト

仕事をしすぎて燃え尽きている状態。過度な疲労や抑うつ状態になり、仕事への意欲も活動力も下がっています。

ADVICE

チームの絆感を強めながらワークエンゲージメントを高める

他者との協力をきっかけに有能感を持てるチームへ

世界的に見て日本人の自尊心や「**自己効力感**」（目標達成に向けた自分の能力への自信）は低いという調査があります。心理学では「実行すれば自分は達成できる」という感覚を「有能感」と呼びます。有能感が低いと自尊心や自己効力感も低くなってしまいます。どうすれば有能感を高め

ワークエンゲージメント

ワークエンゲージメントは一般的に活力・熱意・没頭の３つが要素と言われますが、他者とのつながり（絆感）も大事な要素として考えられます。

- **活力** 仕事をしていると力がみなぎってくる
- **熱意** 仕事に誇りとやりがいを持っている
- **没頭** 仕事に夢中で熱心にのめり込んでいる

＋

- **絆感** 仕事上での他者と深い人間関係がある

絆感を強める施策

他者とのつながりを深めるためには、お互いを認め合うという土台が大事。そこで尊敬や感謝を伝えやすいコミュニケーション施策が効果的です。

日頃から感謝を
伝えることで
絆感のある
組織にできる。
Thank
you
card
サンクスカード
行為や貢献に対して感謝
や賞賛などを伝えるカード。
チーム内の一体感の醸
成にもつながる。デジタ
ルのツールもある。

ることができるのでしょうか。

　仕事に対してポジティブで充実した心理状態である「**ワークエンゲージメント**」を高めることはひとつの手です。ポイントは他者との関わりである「絆感」。社内外を問わず、誰かに協力をして「自分が人の役に立った」と実感できると、その達成感から有能感が生まれます。そこから仕事に誇りとやりがいを持つことができれば、自尊心や自己効力感につながるでしょう。

　本当はできるのに「できないかも」と自信がないのはもったいないです。**他者への貢献と賞賛を実感できる仕組み**があれば、チームのメンバーにも自信がつき、イキイキと働けるチームへと変わってくるのです。

CASE

なんでも言い合える チームにしたい

アイデアを育んで課題を解消するためにも
メンバー同士が意見しやすいチームをつくることは大事です。

日本の会議の特徴

日本は年齢や役職を尊ぶため、
上司の発言で物事が決まりがちに。
また、否定されることをおそれて
意見を出しにくい雰囲気もあります。

アメリカの会議の特徴

個人の意思が尊重される文化があり、会議では思いついたアイデアを発言していくことが求められますが、専門が異なる人に対しては意見しにくい傾向があります。

ADVICE

チーム内の心理的安全性を高めて意見を出しやすくする

率直な意見を言い お互いの違いを認め合う

「**心理的安全性**」が高いチームは、お互いの意見の違いを認め、尊重し合える関係性にあります。意見を率直に言えると思えれば、会議も有意義な時間になります。アイデアも出しやすく、指摘もしやすくなります。心理的安全性を高めることは有意義な会議をつくるための〝手段〟です。

誤った心理的安全性

否定的な意見は
やめましょう!

心理的安全性をつくる目的

心理的安全性とは、集団内で自分の意見や感情を誰に対してでも表現できる度合いのこと。たとえば会議で意見を出すとき、意見を尊重し合える安心感があれば発言しやすく「心理的安全性が高い」ということになる。心理的安全性は会議を有意義な時間にするための場づくり。

アクティブな言葉が効果的

意見は違って当たり前、
自分の言葉で意見を出しましょう
○

たとえどんな意見も禁止とはしない。あくまでも自分らしさは否定されず、他者と違う意見や行動が尊重される場にすることが大事。

COLUMN

議論を阻む仮想的有能感

「仮想的有能感」とは他者を軽視し、その能力を低く見積もることで生まれる偽物のプライド。他者を見下す仮想的有能感は、会議においてはメンバーの発言のしにくさにつながります。

逆に心理的安全性が低いと、拒絶や罰をおそれて意見が出ません。ただ、そこで心理的安全性を担保しようとして「人の意見を否定してはいけません」と言うのは誤りです。このように言われた相手はかえって上司や同僚の顔色をうかがうようになり、意見の衝突を必要以上に避けることになるため、会議は活発になりません。

大事なのは「否定的な意見も受け止めてもらえる」と感じるかどうか。そのためには、リーダー自身が部下の批判を受け入れましょう。ありのままの自分が受け入れられると感じれば何でも言い合えるチームになるため、あえて弱音を吐く時間や場を設ける会社もあります。

ADVICE

気づかい×支援×楽しむことで勇気づけを促す

勇気づけによって自律的で一体感のあるチームに

心理的安全性を高めるためには、アドラーの言う「**勇気づけ**」が有効だと考えられます。メンバーに対し、困難を乗り越える力を与えていくことで、自律的で一体感のあるチームになっていきます。逆に失敗を責めたり、上司の立場を使ったダメ出しをしたりすることは「**勇気くじき**」になります。

勇気づけの定義

アドラー

アドラーは「困難を乗り越える力」を「勇気」と呼び、これを他者や自分に対して与えることを「勇気づけ」と言った。勇気づけは、褒めることとは異なる。

勇気づけ
＝
相手に自律と自己効力感を与え
「共同体感覚」（P140 参照）を強くすること。

COLUMN

勇気くじき

勇気づけとは逆に、その人の自尊心や自律心を失わせることを「勇気くじき」と言います。勇気くじきは、萎縮や恐怖、または依存を生むことになります。

組織の文化を変える
気づかい行動
相手の内側にある本心についても意識を向け、関心を持つようにする。
先取り支援
相手をサポートする。「困ったらいつでも助けるよ」という姿勢を相手に示すことが重要。
勇気づけ
（心理的安全性）
楽しむ
（マインドフルネス）
義務感で動くのではなく、「したい」から行動する。「現在」そのものに集中するマインドフルネスがイキイキ働くことにつながる。

勇気づけを浸透させていく土台になるのは、**気づかい（ケア）と支援、そして仕事を楽しむこと**です。

気づかいは相手の本当の関心事や本心などに意識を向けることです。近年は相手の立場になって深く話を聴くという傾聴の重要性も言われます。

次に支援。困りごとをサポートします。実際に困りごとが起きる前に「もし困ったことがあったら言ってね」と語りかけておきましょう。自分の発言が自分に跳ね返り「支援できる自分」に近づくという心理的効果もあります（**アファメーション**）。

そして、楽しむこと。自分自身の心の状態を快適に保つことであり、マインドフルネスもポイントになります。

CASE

ワンマン経営のため
ボトムアップで意見を通せない

カリスマ的なリーダーがいると下から意見を通しにくいもの。
上の顔色をうかがってしまう心理とは何でしょう。

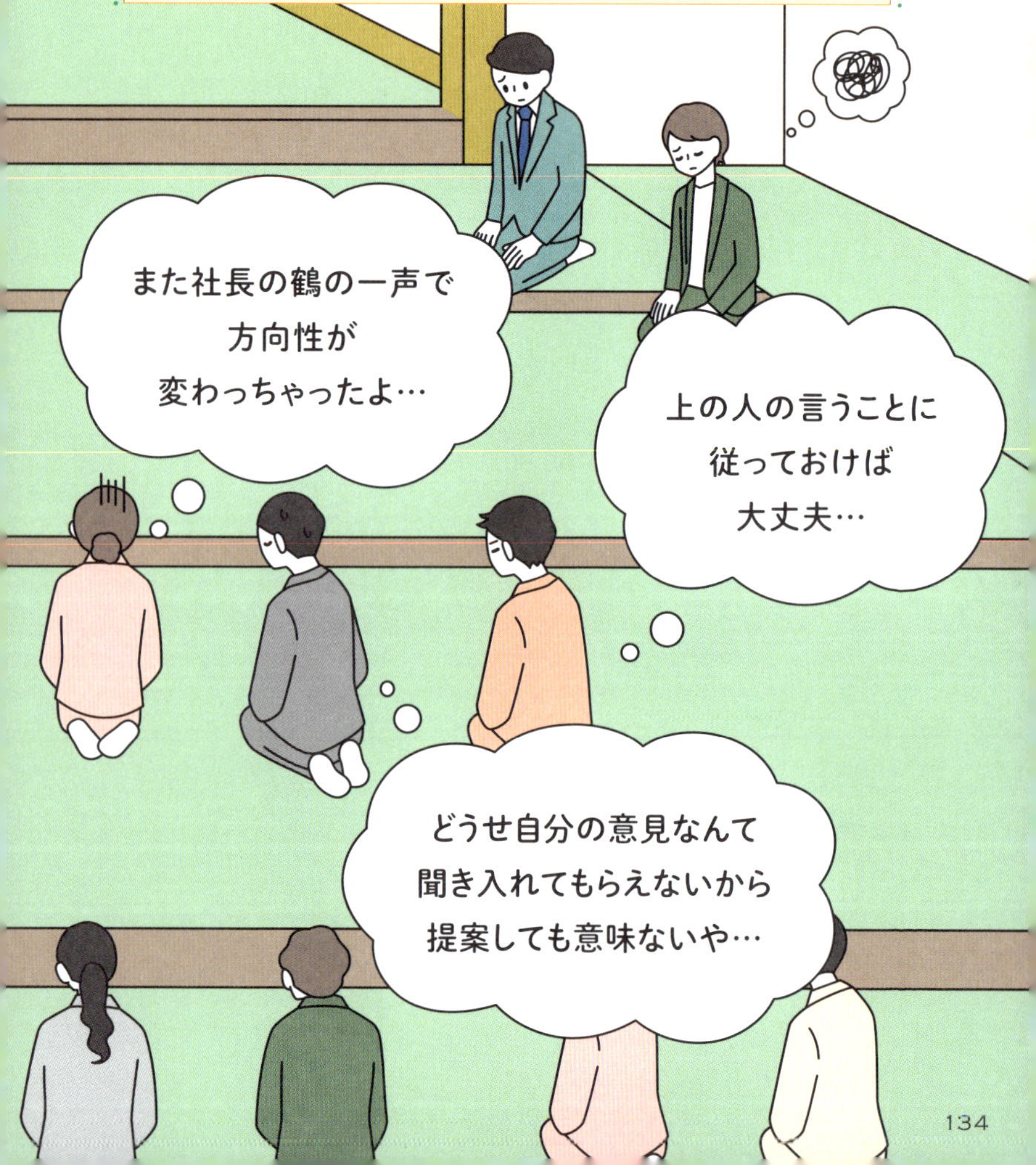

また社長の鶴の一声で
方向性が
変わっちゃったよ…
上の人の言うことに
従っておけば
大丈夫…
どうせ自分の意見なんて
聞き入れてもらえないから
提案しても意味ないや…

相談しても
無駄だろうな…

トップの力が強く影響力が大きいために、部下の意見が通らないことがあります。

意見の正しさはそれほど意味を持たず「誰が言ったか」「誰が関わっているのか」という「人」のほうが重視される。このような考え方を心理学者の岡本浩一は「**属人思考**」と呼びました。

属人思考が強い組織の風土は、「**属人風土**」と呼ばれます。これは、あえて言えば義理人情の世界かもしれません。不祥事やハラスメントが起こっても「雇ってもらっている恩義がある」という感覚があるため、意見を言い出しにくい風土でもあります。

ADVICE

組織の属人風土を理解して忖度を生まないようにする

過ぎた忖度を生み出さない風通しのよい会社にする

社長が絶大な力を持ちワンマンシップを発揮する会社では、数字や事実関係よりも社長の意見が重視されます。トップダウンで物事が下りてきますから「上司の顔色をうかがう」ような属人風土が浸透します。**これは過ぎた忖度《そんたく》にもつながり、ときには不祥事やハラスメントの原因にもなります。**

属人風土のある会社の特徴

「事柄」よりも「人（役職）」が重視される社内風土は、社員の疲弊や離職にもつながりかねません。

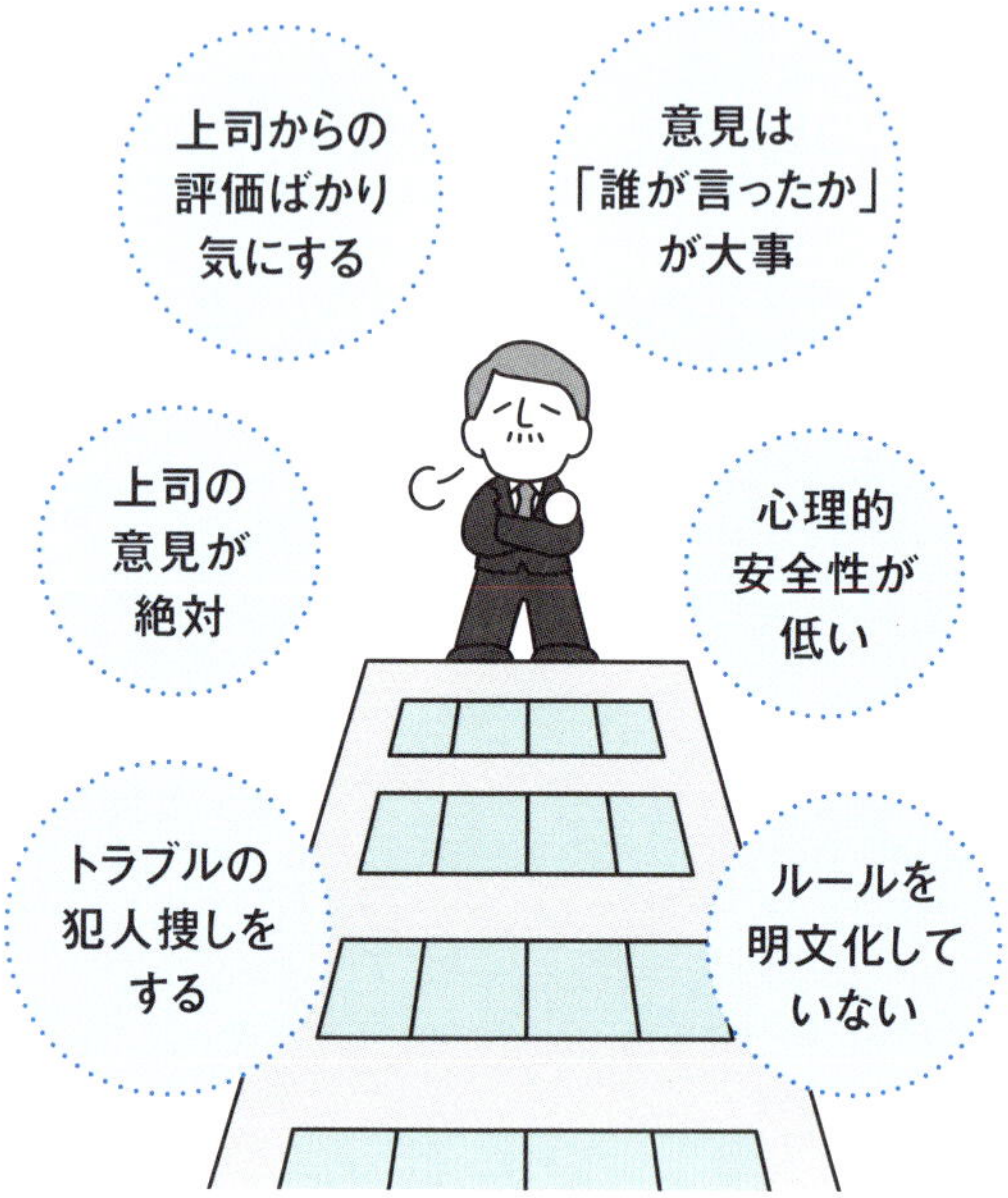
上司からの評価ばかり気にする
意見は「誰が言ったか」が大事
上司の意見が絶対
心理的安全性が低い
トラブルの犯人捜しをする
ルールを明文化していない

属人風土からの脱却を促す施策

忖度の弊害を理解する

属人風土があると上司への忖度が増える。忖度による弊害を経営層に具体的に示す。

ルールを明文化する

ルールを取り決め言語化する。ルールの策定により融通の利く余地を減らす。

改善チームを設置する

風土を改善していくために主体的に動くチームをつくる。チームを中心に全社に広げる。

日本人は相互協調的自己観（P79参照）を持つ人が多く、自己主張よりも他者との関係性に比重を置くため、人の顔色をうかがいやすい傾向があります。もともと忖度をする傾向が強いために属人風土に陥る場合もあります。忖度とは他者の意図を察して先回りした対応をすること。それ自体は悪くありません。ただそこに「上司から認められたい」「特別な見返りがほしい」という期待が入り込むと、お互いに暗黙のうちに利益交換をする文化ができてしまいます。

属人風土は**融通の利かないルールを嫌います**。そのため、風土を変えるには、関係者の対話によるルールづくりとその明文化が必要です。

CASE

仕事を部下に任せたいけどためらってしまう

やることがいっぱいだと負担感もストレスもいっぱいに。
そうなる前に人に任せてみるコツを覚えましょう。

手伝いますよ
（手分けしたら
早く終わるのに…）

完璧主義とは

小さなミスや不具合も認めない完璧主義は、物事の完成度を高めます。半面、納得できないと手放せず、他者に任せることにも強く抵抗してしまいます。

完璧主義は直さなくてもイイ

完璧主義はその人の悪い部分ではないという前提が大事です。完璧主義ということを受け入れ、そこから他者に任せていく勇気を身につけましょう。

ADVICE

「任せる勇気」を持つことが自分と部下の成長につながる

任せることで信頼感を育み成長へとつなげる

完璧に仕上げたいがために無理をした結果、自分や周囲に負担がかかるというのは完璧主義の弊害のひとつです。完璧にできないと本人が自己嫌悪に陥り、周囲に逆恨みすることも。しかし「完璧主義は直さなきゃ」と捉えると、直すことに完璧さを求めるため悪循環になります。

共同体感覚

自分が集団や組織、国などの共同体の中の一人であるという感覚が共同体感覚です。その共同体の一人としてありのままの自分を受け入れ、他者を信頼し、他者に貢献できている感覚が共同体感覚を生むとされています。アドラー心理学の根底となる理論です。

「信頼の転移」で信頼感を高め合う

適切な形で部下に任せると、任された相手は「自分を信頼してくれた」と考えられるため、信頼感が醸成されます。これが**信頼の転移**です。信頼感の構築もリーダーの務めであることを認識し、率先して推進することで好循環を生みましょう。

人に任せることのメリットに目を向けてみましょう。上司から部下へ仕事を任せると、部下には「上司が自分を信頼してくれた」という「**信頼の転移**」の感覚が生まれます。部下もまた上司を信頼し、またその仕事を自律的に進めることで自己効力感も高まるでしょう。このように他者を信頼し、他者に貢献している感覚は「**共同体感覚**」につながります。このような共同体感覚は、人間が幸福を感じるための大切な土台です。

さらに任された部下はその仕事によって成長を促されます。その成長は周囲にも影響を及ぼしますから、**結果的に上司や組織の成長につながります。**

CASE

現場での新人教育にコツはある?

「教える」よりも「学び」の環境に焦点を当て、
実践の中でフィードバックを受ける場をつくりましょう。

教育のはしごをかける

新人教育ではその人の現状を捉えたうえで、その次の段階に合わせた支援をしましょう。一足飛びに上級者レベルの支援を行っても脱落する可能性が高くなるだけです。

実践コミュニティ

目的を同じくする集団や家族・学校を「実践コミュニティ」と呼びます。新人教育では、新人が周囲の支援を受けながら先輩社員と交流する環境をどうつくるかがキーとなります。発達の原理を活かした「認知的徒弟制」という教育モデルがそれを可能にします。

ADVICE

「発達の最近接領域」を新人教育に応用しよう

発達の最近接領域

言語を親との協働行為の中で獲得していく

赤ちゃんの理解

なるほど。口を開けるのは「あーん」で、
口に運ばれるものが「まんま」か。

赤ちゃん言葉は親と赤ちゃんが協働して生み出すもの。赤ちゃんは周りの大人との相互交流の中から言語や能力を獲得していきます。この交流の場が**発達の最近接領域**です。

成長段階ごとに育成方法を変えていく重要性

乳児が言語を獲得するときには、初めから大人の言葉を覚えるわけではありません。たとえば大人は乳児に対し「お食事ですよ」とは言わず、「まんまでちゅよ」などのいわゆる赤ちゃん言葉を使います。これは乳児でも発声しやすいように大人が言い換えているのです。

認知的徒弟制による学習

1 モデリング（真似させる）
初心者に熟練者のやり方や技術を見て学ばせて、模倣させる。

↓

2 コーチング（指導する）
初心者に対して熟練者が助言したり、課題を与えたりしながら指導する。

↓

3 スキャフォールディング（足場をかける）
さらに成長を促すために、教育者や仕組みなどの足場を置き支援する。

↓

4 フェーディング（足場を外す）
段階的に足場を外していくことで、初心者が一人立ちできるようにする。

「自力では難しいが、サポートがあればできるようになる能力の範囲」を〝心理学のモーツァルト〟の異名を持つ心理学者ヴィゴツキーは「**発達の最近接領域**」と言い表しました。子どもの能力は大人との相互交流で発達するとしています。

この考え方は大人への教育でも応用できます。つまり大人にも同じように、初心者と熟練者の交流の場が大事だということです。初心者に対して熟練者が段階を追ってサポートをしていくという教育モデルが「**認知的徒弟制**」です。認知的徒弟制では緩やかな4つの段階があります。ここでも熟練者と初心者の間に相互交流があることが重要なポイントとなります。

CASE

部下のやる気を削がない褒め方と叱り方

意欲を上げようとかけた言葉が、逆に相手のやる気を削いでしまうことも。効果的な言葉がけを押さえましょう。

すごい営業契約をとってきたね!
君は仕事ができるね!さすがだよ!
君のおかげで業績も伸びたよ
次もこの調子で頼むよ
仕事の出来がいいから頼もしいよ!
褒
褒

褒めたつもりが逆効果に

成果だけを褒めていると、相手は過度に成果をアピールするようになったり、失敗を極端におそれるようになったりします。

成長を促す叱り方をしたい

責任や原因を追究するような叱り方は相手には詰問に聞こえ、成長の“足かせ”にすらなります。まして怒りをぶつけることは論外です。

「褒める」とは、基本的に相手の存在を認めることが前提の態度です。相手の自己効力感を高めるために**日常的に必要な行為**と言えます。一方、「叱る」とは**臨時的な言葉や行為**になります。

どちらも相手に成長してもらうには必要な働きかけです。しかし、適切な褒め方をしないとかえって相手の負担になってしまったり、相手のためを思って叱った言葉が意図せずモチベーションを下げてしまったり、そもそも叱る原因となった問題の解決から遠のかせてしまうこともあります。

「褒める」と「叱る」、それぞれの目的を理解しましょう。

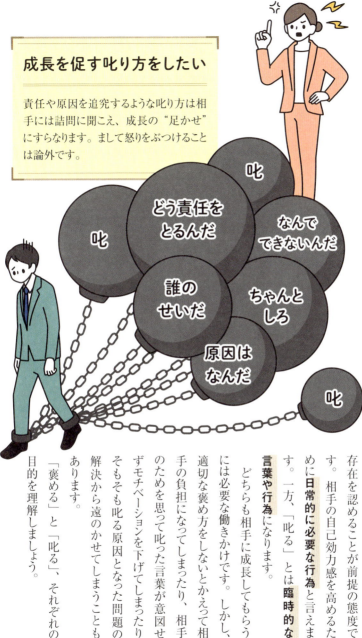

ADVICE

褒めるときは「承認」を大事に 叱るときは「解決志向」を意識

相手を承認し、ありたい姿へと向かわせる声かけ

「褒める」とは、実は注意のいる行為です。「成果」だけを褒めていると、相手の関心は達成までの「過程」に向かず、成果を出せないと責められている気持ちになります。

そこで褒めるときは、**相手の存在や過程をまずは承認して褒めましょう。**こうすることで、自己効力感の

上手な褒め方

褒めるときは順番が重要です。「存在そのもの」「過程」の順に褒め、「成果」を褒めるのは最後にするとよいでしょう。

1 まず存在そのものを褒める
いつもありがとう。助かっているよ
2 次に過程を褒める
日頃の努力を認めているよ
3 そして成果を褒める
素晴らしい業績にも結びついたね

問題解決のための問いかけ

問題を指摘しアドバイスをしようとして叱るときには、解決志向の質問を意識しましょう。

○ 確認型質問

状況確認：どうした?
要求確認：どうしたい?
対応確認：どうすればいい?

問題の解決策を探る質問。状況と本人の希望に向けた対応を確認することで、本人の反省と解決志向が促される。

○ WHAT型質問

解決のためには何をしたらいい?

「これから何をするか」という何＝WHATを訊ねることで、問題への具体的な対処に意識が向いて学びが促される。

× WHY型質問

「なぜ?」を問う

「なぜ」「どうして」と理由を一方的に問うと、相手に「責任をとりたくない」と思わせネガティブな気持ちにさせるため、避けたい。

向上につながります。言葉づかいにも注意です。上から目線な言葉は「自分をコントロールしようとしている」という印象を与えかねません。

また「叱る」ときも注意が必要です。「なぜできないんだ?」「どうしてミスをしたんだ!」というWHY型の質問は人格否定や責任追及になり、勇気くじきにあたります。

叱る人も、本当は相手を責めるよりも問題を解決したいはずです。かと言って「こうすればいい」と指示や命令をしては、相手の成長につながりません。**意識すべきは解決志向の問いかけ**です。「ありたい姿」から逆算するように「どうしたい?」などと聞き、自律的な問題解決を促しましょう。

CASE

いじめやハラスメントは どうして起こるのか?

心や体に苦痛を与えるいじめやハラスメントを防ぐために原因と対処について理解を深めることが大事です。

尊厳や人格を害するハラスメント

パワーハラスメント（パワハラ）は仕事の立場の違いによる優越を背景として生じるハラスメントです。被害者の尊厳や人格を否定するもので社会問題になっています。この項目ではパワハラとモラハラについて主に扱います。

原因は同調や歪んだ正義感

その組織の文化に同調させようとすることが、相手への「嫌がらせ」につながることがあります。また、自分の正義感を押しつけることが発端にもなっています。

ADVICE

いじめの原因は他者との過剰な同調文化にある

加害者や集団が抱える問題から対処法を考える

いじめやハラスメントの加害者は、自分の行為が相手を傷つけると思っていなかったり、問題でないと捉えていたりします。それどころか遊びや教育の一環として、むしろよいものだと考えているケースも。つまり、加害者側の意図に関わらず、「構造」として起きる点が重要なのです。

2つの大きな原因

歪んだ正義感

自分の道徳や価値観の押しつけはハラスメントにもなる。とくに「正しいことを教えよう」という意識が強いと、モラルハラスメント（道徳や倫理に反した嫌がらせ）に発展する。

同調の結束

いじめやハラスメントの加害者に同調する人がいると、その集団内では加害者が持ち上げられ、加害により集団の結束力が高まる性質がある。これがいじめやハラスメントを助長する同調の効果。

加害者の抱える問題

いじめやハラスメントの原因は加害者本人の抱える心理的な問題にもあります。劣等コンプレックスもその一例です。

コンプレックス

過去の経験などから優越コンプレックスや劣等コンプレックスがあると、自分の正義感の押しつけや、意にそわない人に強く当たることがある。

対処方法

組織内で、劣等コンプレックスを抱かせない評価の仕組みをつくる。加害者と被害者の二者の問題ではなく、その集団全体の関係性や「構造」を変えることが必要。

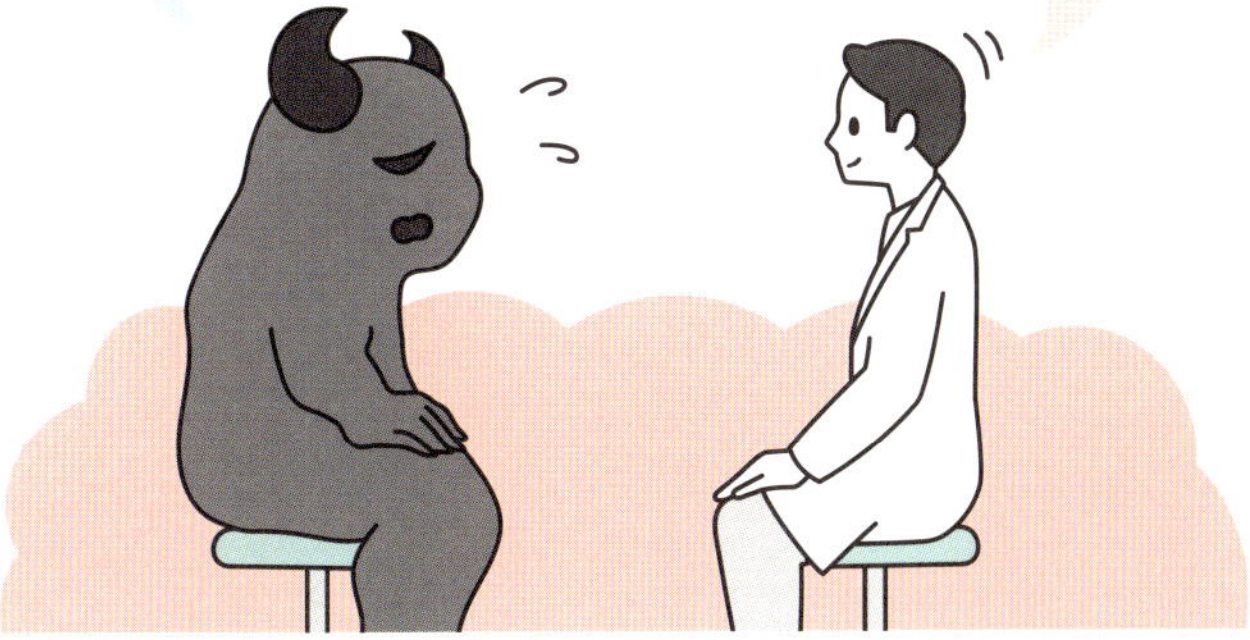

加害者にはまず、その行為が相手を傷つけていることを理解してもらいましょう。さらに加害の原因を考えるうえで、「**歪んだ正義感**」はキーワードになります。とくに加害者本人の劣等や優越のコンプレックスがその正義感の裏に隠れているからです。もう一つのキーワードは集団内の過剰な「**同調**」です。周囲の同調は加害を助長させ被害者を孤立させます。この仲間関係の「構造」が問題になります。

実際は、いじめやハラスメントの原因、対処法は個別に異なります。ただ、**いずれも重要なのは対話**です。「何が正しいか」ではなく「何を解決するか」を軸に、場面に応じて対話を重ねることが大事でしょう。

索引

本書の次に読みたい書籍

ど素人でもわかる心理学の本

（翔泳社）

本書よりもさらに詳しく学びたい、心理学初学者におすすめの一冊。行動心理学、文化心理学などさまざまな分野を切り口に最新の心理学知識を紹介しながら、身近な心理現象を紐解く。日本ビジネス心理学会が主催する「ビジネス心理検定」の推薦図書。

ビジネス心理学
――42の具体例で学ぶ顧客の心のつかみ方、組織変革の促し方

（経団連出版）

ビジネスの現場で使えるビジネス心理学を、具体的な場面を想定して紹介する一冊。サービス業や営業に使えるマーケティングの心理や、人材開発やマネジメントの心理などを解説する。

スランプ克服の法則

（PHP新書，岡本浩一／著）

本書のP94-95で解説しているスランプについてより詳しく書かれた一冊。スランプの構造を解き明かし、「スキーマ」や「コード化」の視点からスランプの脱却方法を解説。『上達の法則 効率のよい努力を科学する』（PHP新書）も併せて読みたい。

私たちはどう学んでいるのか
――創発から見る認知の変化

（ちくまプリマー新書，鈴木宏昭／著）

認知科学者・鈴木宏昭氏による「学び」のメカニズムを解説した一冊。ある日突然できなかったことができるようになるといった認知的変化に働いている無意識的なメカニズムを「創発」の視点から解説する。正しい教育方法とは何か、問いかける。

おわりに Conclusion

人生100年を生きるための心理学は、幸せの選択肢を豊かなものにする心理的資産！

最近は生き方としてポジティブかネガティブかという選択がよく問われます。こんなとき、多くの心理学者は「この場合は○○かもしれない」と断定的な表現は避けて解説します。さらには、他の選択肢の可能性を探そうとして、解決を延ばすジレンマを抱えてしまうことも多いようです。

こうした二項対立的な見方を〝心構え〟のように考えないことが大事なポイントです。日本人は「中庸の精神」を好むため、自分の立場を中間に置き曖昧にしがちです。「どっちも必要だ」と言ってしまえば簡単ですが、これは解決の固定観（スキーマ）に当たるものです。そこから一歩抜け出るためには、目先の〝選択肢〟にこだわるのをやめることが必要になります。一度立ち止まって、自らにとって豊かな選択が何か考え抜くことです。

封建時代では人生50年でしたが、現在はその倍を生きるようになっています。そのために必要な資産とは何か考えると、金銭的なもの以上に、自分を支えていく〝心理的資産〟が重要になってきます。

これからの時代に求められる能力は「継続的な幸せ」（Well-being）を生む認識力と、目的による「活動」（Activity）の二つの能力になります。この二つの能力は切り離せず、常にその人の選択に影響します。そして、自分の目先の欲望に埋もれてしまうとその選択肢が狭くなってしまいます。それを拡張するのが心理学を学ぶ意義であり、本書がねらいとするものです。

ビジネスの現場は、本を読んだだけでは変わりません。しかし、私は経営者の心理調査を大学の学生らとする教育支援のプロジェクトを通して確信したことがあります。それは経営者も学生も何かに「貢献したい心」があること。それに応える授業やビジネスの実践ならば成功への道が開かれるのです。

入門書なので解説がどうしても一面的な部分もあるかもしれませんが、編集会議だけでも10回以上行い内容を詰めてきた著書はそうありません。そして、編集執筆に協力頂いた皆様、それと日々影で支えてくれる妻の匠あさみと母の匠エイ子に感謝するものです。

匠 英一

監修者

匠 英一 （たくみ・えいいち）

和歌山市生まれ。1990年（株）認知科学研究所を設立し、代表取締役に就任。同年、東京大学大学院教育学研究科を退学後、東京大学医学部公衆衛生研究室にてストレスと創造性の研究を行い、その成果を事業化。それ以後はアップル社やNEC、住友3M、NTTなど100社以上のコンサル・研修業に従事。他にもeラーニングや販売ソフト系企業の取締役・顧問など兼務する。2004年よりデジタルハリウッド大学教授、早稲田大学IT経営戦略研究所客員研究員、医系大学の非常勤講師などを歴任。また、CRM協議会（初代事務局長）など15件の業界団体を自ら創設して新しいビジネスモデル創りを推進。現在は日本ビジネス心理学会副会長として「ビジネス心理検定」（日本ビジネス心理学会）の資格普及と企業の心理コンサルに従事。著書に『ど素人でもわかる心理学の本』（翔泳社）、『ビジネス心理学』（経団連出版）など他60冊ある。

サクッとわかる ビジネス教養　心理学

2024年12月25日　初版発行

監修者　匠　英一
発行者　富永靖弘
印刷所　公和印刷株式会社

発行所　東京都台東区台東2丁目24　株式会社 新星出版社
〒110−0016　☎03(3831)0743

ISBN978-4-405-12038-9